CB073394

25 anos de história

da gestão de pessoas e negócios nas Melhores Empresas para Trabalhar

Daniela Diniz

PRIMAVERA
EDITORIAL

PREFÁCIO

O papel do Great Place no mundo do trabalho

Por Caroline Maffezzolli, diretora de marketing e vendas Digital e Tatiane Tiemi Shirazawa, vice-presidente

25 ANOS DE HISTÓRIA DA GESTÃO DE PESSOAS E *negócios nas Melhores Empresas para Trabalhar* não é apenas uma obra de análises e estatísticas, revelando os dados das transformações nesse período – embora seja uma eficiente ferramenta para consulta e *insights* e até para a sala de aula. Para nós, que tivemos o privilégio de construir de perto essa história, este livro é o ato de tornar vivo e palpável como o trabalho do Great Place to Work se emaranha com a própria transformação das organizações em nosso país e se mistura até mesmo com a nossa própria narrativa de desenvolvimento pessoal e profissional dentro de uma empresa que, de fato, coloca as pessoas no centro de sua estratégia de negócios.

Quando começamos nosso trabalho dentro do Great Place to Work, éramos "apenas" conhecidos como a "empresa que fazia a lista para a *Exame*". O ranking da revista começava a dar o norte das tendências no mundo do trabalho, das práticas de gestão de pessoas e liderança e passava a ser usado – pelo mercado – como um termômetro para medir a excelência no ambiente corporativo – e, por nós, como uma ferramenta para atrair organizações interessadas genuinamente em se transformarem em excelentes lugares para trabalhar. Nossa prospecção naquele tempo era completamente ativa: batíamos à porta das empresas – às vezes, literalmente – convidando-as a fazer parte da pesquisa.

A consolidação da marca Great Place to Work, que de forma já íntima se transformou na sigla GPTW, foi, entretanto, um processo natural. De um lado, havia um mercado ávido por transformar seu RH numa área estratégica, já convencido de que para impulsionar seus negócios era necessário impulsionar suas pessoas e seus ambientes de trabalho. Do outro, nosso time. Incansável, nossa equipe se apropriou da missão de transformar cada empresa do país num excelente lugar para trabalhar e, dessa forma, diariamente passamos a colher frutos dessa jornada. Os resultados em números são mero espelho desse empenho: desde a primeira lista, em 1997, aplicamos o estudo consecutivamente por 25 anos, impactando cerca de 12,5 milhões de pessoas no Brasil.

Foi dessa forma que pesquisa, certificação e ranking passaram a ser uma ferramenta necessária para toda empresa que busca excelência nas relações de trabalho e um guia para todas que julgam estar ainda nos primeiros passos dessa busca. Ao longo desses 25 anos, por exemplo, é possível notar como o ranking trouxe um processo de conscientização das lideranças sobre as relações construídas dentro do ambiente de trabalho – quando o exemplo vem de cima é muito mais simples manter a cultura organizacional. A transformação do trabalho em uma espécie de *commodity* – *eu dou meu tempo em troca de um salário* – para um sentimento de significado é um dos exemplos de mudanças que impactaram não somente a satisfação do colaborador, que enxerga sentido nas horas em que está trabalhando, mas também os resultados financeiros da própria empresa, que nota menores índices de rotatividade e melhor desempenho financeiro. O capítulo *Muito além do contracheque* deste livro aprofunda bem o que queremos pincelar aqui: "a remuneração não impacta o nível de satisfação dos colaboradores em relação ao ambiente organizacional".

Sempre colocando as "pessoas" como norte de todo o nosso trabalho e desenvolvimento dos nossos produtos, certificações e consultorias, notamos que não basta esse ambiente organizacional ser excelente para trabalhar. Ele precisa ser excelente *para todos*. A incorporação, em 2018, do *for all* à nossa missão é outro momento-chave dentro desses 25 anos. Mais uma vez aqui, ao olhar as tendências da sociedade, suas demandas e os comportamentos das novas gerações, o GPTW passou a provocar as organizações sobre seu papel no mundo, analisando-as sob uma ótica mais ampla e complexa. Ao trazer a temática diversidade & inclusão, na expressão *for all*, instigamos as companhias a olhar para suas práticas, refletirem sobre suas políticas e se posicionarem frente ao mercado. Nossos rankings e destaques *diversidade* (Mulher, Étnico Racial, LGBTQIA+, Pessoas com Deficiência e 50+) são um exemplo vivo e prático de estímulo e reconhecimento para que, cada vez mais, as práticas organizacionais amadureçam e acompanhem a agenda da sociedade.

Embora os números, que serão apresentados no Capítulo 10, *Melhor para todos*, não sejam aqueles que esperamos – revelando que temos ainda um longo caminho pela frente –, já é possível notar um avanço significativo nessa agenda quando se compara as pesquisas de 2006 e 2021. Mais que isso: as lideranças já sabem da importância de incluir esse tema em seu centro estratégico, o que é um primeiro, embora embrionário, passo. O que nos traz esperança é ter visualizado muitos desses primeiros passos em diversos outros temas durante esses 25 anos e que, hoje, tornaram-se inerentes à cultura organizacional das empresas.

Outro capítulo fundamental nessa história de 25 anos foi a implementação – há cinco anos – da Jornada de Certificação e Ranking, que passou a permitir a participação de pequenas empresas na nossa pesquisa. Se antes, as empresas precisavam ter no mínimo 100 colaboradores para poder participar de alguma das nossas certificações, hoje basta ter 10 pessoas na equipe. Essa mudança na regra não apenas democratizou o processo de certificação, como reforça nossa premissa desde as entrevistas de Robert Levering: qualquer empresa de qualquer tamanho e de qualquer setor pode – e deve – ser um excelente lugar para trabalhar. Ao mudar essa ideia corporativa de que somente grande empresa é passível de ser uma *great place to work*, nós, novamente, trouxemos mais uma tendência e um alerta para as organizações de médio e grande porte: afinal, os profissionais de hoje não olham mais o tamanho da empresa que querem trabalhar, mas as relações que irão construir ali – seja esta empresa de 10, 100 ou 1.000 funcionários. Dentro dessa Jornada lançamos também uma comunidade de líderes e pessoas, um espaço de trocas, para fomentar o que está dando certo. O mais interessante é que não é preciso ser certificada para participar dessa comunidade; qualquer organização que quer "chegar lá" pode se beneficiar direto da fonte das que já chegaram: um círculo virtuoso que beneficia as pessoas, os negócios e a sociedade.

E durante esse caldeirão de transformações positivas, o que não mudou nesses 25 anos? A confiança. Como será explicado melhor nesta obra, logo no primeiro capítulo, *O mundo mudou e as Melhores também*: "apenas com base na confiança, eu consigo permitir autonomia no trabalho; apenas com base na confiança, eu alcanço o máximo potencial de cada funcionário e posso, assim, obter o melhor de cada um e o melhor de todos". Se há algo que guia nossa metodologia, nossa missão e nossas ações, identificado por Robert Levering na década de 1980 e que hoje é o que todas as Melhores têm em comum é exatamente a confiança como pilar da cultura organizacional. Emprestando uma frase de Bob Lee, autor do livro *Regras da Confiança*: "encontre baixa confiança e você estará em um ambiente de trabalho ruim. Encontre um nível alto de confiança e você estará em um excelente. E onde houver um alto nível de confiança, você sempre encontrará um líder excepcional e um excelente lugar para trabalhar".

Temos não só admiração pelo trabalho que ajudamos a impulsionar nesses 25 anos, como um enorme orgulho de fazer parte dessa história. Acumulamos, cada uma, mais de 15 anos dessa jornada e assistimos muito de perto o crescimento do nosso negócio, o amadurecimento do mercado sobre gestão de pessoas e, claro, o nosso próprio desenvolvimento. Aqui dentro construímos nossas carreiras e nossa vida pessoal, adquirimos conhecimento, conquistamos nosso espaço e nosso respeito no mundo corporativo. Se no começo de nossa carreira dentro do Great Place to Work precisávamos citar o nome de outras empresas para que entendêssemos o que fazíamos, hoje não conseguimos passar imune por uma roda de amigos sem que nos considerem uma referência e nos peçam conselhos sobre trabalho. Viramos a porta que todos querem bater! E isso nos motiva cada vez, pois percebemos que não é apenas a marca que foi consolidada, mas que o nosso conceito-chave está cada vez mais disseminado: transformar o ambiente num lugar melhor para trabalhar é também tornar nossa sociedade um lugar melhor para viver.

Eu, **Tatiane**, trabalho no Great Place to Work há 18 anos, e foi após conhecer a proposta e missão do GPTW – com a qual me identifiquei – que assumi também o desafio de construir uma sociedade melhor por meio da mudança do ambiente de trabalho das empresas, adquirindo grande parte de minha experiência profissional, participando ativamente de iniciativas que contribuíram com a expansão do negócio, consolidação da marca e atualização das nossas soluções. Hoje, sou presidente do Great Place to Work Brasil, casada com Rodrigo – que, curiosamente, conheci nos corredores do pequeno escritório do GPTW na Rua Santonina – e mãe de dois filhos.

Eu, **Caroline** estou há 14 anos no GPTW. Saí de Blumenau – SC, e como estagiária realizava ligações convidando empresas para fazer parte do GPTW e à medida que o mercado amadurecia, eu também ganhava repertório, espaço e conhecimento para hoje estar à frente da maior área da empresa, responsável por mais de 40% da receita.

SUMÁRIO

Introdução. De onde viemos e para onde iremos 13

Capítulo 1. O mundo mudou e as Melhores também 21

Capítulo 2. Afinal, o que é uma excelente empresa para trabalhar? 41

Capítulo 3. As Melhores: ontem, hoje e amanhã 59

Capítulo 4. Muito além do contracheque 81

Capítulo 5. Do jornal de parede às redes sociais corporativas 107

Capítulo 6. A empresa é a Sala de Aula 127

Capítulo 7. O fim do Super-Homem e da Mulher-Maravilha... 149

Capítulo 8. A busca por um novo equilíbrio 181

Capítulo 9. *Employee Experience* (EX): que seja eterno enquanto dure 207

Capítulo 10. Melhor para todos 231

Conclusão. Quem serão as Melhores do Futuro? 253

INTRODUÇÃO
De onde viemos e para onde iremos

FOI O TRABALHO DE UM JORNALISTA AMERI-cano na década de 1980 que deu origem ao Great Place to Work. Robert Levering, repórter que cobria assuntos relacionados ao mundo do trabalho, especialmente os que envolviam conflitos trabalhistas, foi convidado a escrever um livro sobre as melhores empresas para trabalhar nos Estados Unidos. E ele negou o convite. Não por soberba ou falta de tempo, mas por não acreditar nessa premissa. Para Levering, seria impossível escrever um livro com essa abordagem, já que acreditava não existir nenhuma boa empresa para trabalhar na perspectiva dos funcionários. Sim, pois na visão do dono ou dos executivos, essa bonita história poderia até existir, mas não corresponderia à realidade.

Certo de sua teoria, Levering chegou a sugerir à editora um outro livro que tratasse o oposto da história previamente encomendada: "que tal falar sobre as piores empresas para trabalhar?", propôs. "Para esse enredo", garantiu ele, "teria uma centena de exemplos para apresentar". A editora chegou a considerar seriamente essa opção, mas acabou desistindo da ideia com receio da quantidade de processos judiciais que poderia receber após a publicação.

Após longas e numerosas conversas, Levering acabou topando o projeto inicial, mas com a condição de ir a campo para apurar essa história do seu jeito. Como jornalista, ele entrevistou *in loco* milhares de funcionários de centenas de empresas em todo o país, garantindo a confidencialidade das informações compartilhadas, assim como do nome de seus entrevistados. Conforme esperado, ele encontrou pessoas que odiavam suas empresas e seus chefes e visitou organizações que mantinham péssimos ambientes de trabalho. Mas, durante o processo, veio a surpresa: sua tese começou a ser desconstruída com outros depoimentos e percepções de funcionários. Em meio à apuração, ele encontrou muitas outras pessoas que também adoravam aquilo que faziam, seus colegas, seus chefes, enfim, suas empresas.

A descoberta deixou Levering tão impressionado que ele abandonou tudo o que fazia e abriu, ao lado de sua esposa à época, um pequeno escritório – na verdade uma salinha à qual deu o nome de Great Place to Work. Seguindo seus estudos, entrevistas e análises, ele não só chegou à conclusão de que, sim, existem excelentes lugares para trabalhar, como identificou uma semelhança nesses locais. Seu trabalho, que também contou com a parceria de Milton Moskowitz, deu origem ao *best-seller* 100 *Best Companies to Work in America*, publicado em 1987. Mais do que isso, sua linha de pesquisa gerou a metodologia usada pelo Great Place to Work para analisar e reconhecer as empresas e seus ambientes de trabalho em mais de 90 países, dentre eles o Brasil, o primeiro a aplicar a pesquisa em algumas organizações e a publicar numa revista o ranking das Melhores Empresas para Trabalhar, em 1997, dez anos após o lançamento do livro de Levering e Moskowitz. Foi graças ao trabalho e à visão do empreendedor brasileiro José Tolovi Jr., o principal responsável pela internacionalização da metodologia do Great Place to Work, que o Brasil sustentou não só o pioneirismo do ranking, mas liderou ações de inovação, tornando-se referência global.

Tendo à frente o ranking das 150 Melhores Empresas para Trabalhar no Brasil ao longo de 25 anos – sendo os últimos quinze publicados pela Editora

Globo, atualmente por meio da revista *Época Negócios*, o Great Place to Work possui outros 27 rankings, entre setoriais (Agro, Pequenas Empresas, Saúde, Instituição Financeira, Tecnologia, Indústria e Varejo); regionais (Centro-Oeste, Minas Gerais, Bahia, Piauí, Rio Grande do Norte, Paraíba, Maranhão, Alagoas, Espírito Santo, Barueri, Rio de Janeiro, Norte, São Paulo, Pernambuco, Ceará, Serra Gaúcha, Rio Grande do Sul, Paraná e Santa Catarina), além do Ranking de Diversidade, que, a partir de 2022, passou a incluir todos os grupos antes analisados de forma separada (Mulher, LGBTQIA+, Étnico Racial, Pessoas com Deficiência e 50+). Fora do Brasil, destacamos também o Ranking América Latina e Global. Além de reconhecer as empresas que vêm cultivando relações de confiança entre seus funcionários, os nossos rankings são poderosos termômetros e indicadores das tendências no mundo do trabalho. Nosso banco de práticas culturais, que definem as diretrizes e a política de gestão de pessoas das empresas, conta com mais de 117 mil exemplos, que ajudam a conhecer melhor a cultura de cada organização e inspirar outras empresas nessa jornada.

Com a missão de "construir uma sociedade melhor, transformando cada organização em um *great place to work for all*", o Great Place to Work no Brasil vem crescendo e ampliando seu escopo de negócio. Com seis escritórios regionais (Nordeste, Barueri, Interior de São Paulo, Paraná, Rio de Janeiro e Rio Grande do Sul), nosso negócio vem se posicionando ao longo do tempo como uma solução para apoiar organizações a obterem os melhores resultados por meio de uma cultura de confiança, alto desempenho e inovação. E quando falamos em organizações, falamos em *todas* as organizações. Em 2017, a consultoria passou a oferecer a jornada de **CERTIFICAÇÃO,** permitindo que empresas com a partir de dez funcionários, ao participar do processo de análise por meio da pesquisa de clima, pudessem adquirir o selo de boa empresa para trabalhar, um passaporte para participar dos rankings e principalmente um guia para aperfeiçoar seu modelo de gestão e orientar suas lideranças. Hoje, mais de 2.400 empresas no Brasil exibem um selo de certificação GPTW, e nossas pesquisas, no geral, impactam mais de 2 milhões de funcionários por ano.

Liderado por Ruy Shiozawa, que esteve 14 anos à frente da companhia e agora Co-Founder da Great People, em 2020 o GPTW anunciou sua parceria com a bolsa de valores do Brasil, a B3, para lançar o índice B3-GPTW de melhores empresas para trabalhar, que contempla as empresas certificadas com capital aberto na bolsa de valores. A parceria com a B3 reforça a atuação do GPTW frente às ações de ESG e ratifica seu posicionamento, sua missão e seus valores: ser uma excelente empresa para trabalhar é **ótimo para as pessoas, para os negócios e para a sociedade**. Numa simulação realizada pela B3, que utilizou a metodologia do índice de forma retroativa, foi possível observar que, para o período de três anos, o índice teve um resultado superior ao Ibovespa B3. "O índice B3-GPTW conseguiu superar o IBOV em todos os períodos analisados, apresentando um retorno ainda maior. Quando avaliamos em termos de risco, também conseguiu superar o IBOV, apresentando um risco menor", analisou Luís Kondic, diretor executivo de produtos listados da B3. Vale ressaltar ainda que as organizações consideradas excelentes para trabalhar apresentam dados melhores que a média de mercado. As 150 empresas classificadas no ranking nacional de 2020, por exemplo, tiveram uma expansão de 9,3% no faturamento em 2019, enquanto o PIB brasileiro cresceu apenas 1,1%.

Este livro marca não só os 25 anos de presença do Great Place to Work no Brasil, mas demonstra como nosso trabalho se mistura às transformações vividas pelas organizações ao longo do tempo e o impacto que essas transformações têm provocado na sociedade. O processo das Melhores Empresas para Trabalhar no Brasil é o único estudo no mundo, até o presente momento, que utiliza um modelo de avaliação para medir a satisfação dos funcionários com o ambiente de trabalho aplicado consistentemente durante 25 anos consecutivos. Desde 1997 até os dias atuais, participaram diretamente da avaliação brasileira cerca de 12,5 milhões funcionários que representaram um universo de aproximadamente 42 milhões pessoas distribuídas em 21 mil empresas.

Mais do que um processo de transformação das empresas, nossos 25 anos de história nos permitem não apenas reconhecer os excelentes ambientes de trabalho, mas identificar, por meio de dados e análises criteriosas, as principais tendências nas relações de trabalho e o impacto destas na gestão das pessoas e dos negócios, tornando-se referência em todos os assuntos que dizem respeito ao ambiente organizacional. Portanto, o que você tem em mãos é um poderoso instrumento de dados, análises e estatísticas que revela como as organizações vêm se adaptando ao novo mundo do trabalho e por que as melhores empresas são uma bússola nesse movimento de transformação.

[

CAPÍTULO 1
O mundo mudou e as Melhores também

Como as Melhores Empresas para Trabalhar vêm respondendo às mudanças do mundo do trabalho e às expectativas das múltiplas gerações de profissionais

O ANO DE 1997 PODE SER CONSIDERADO UM divisor de águas no mundo da gestão de pessoas. Primeiro, pelo artigo publicado por Steven Hankin, da McKinsey & Company, que cunhou o termo "Guerra por Talentos"*, dissecando o ambiente competitivo vivido pelas empresas naquele momento e criando uma justificativa importante para que novas

---
* *War for talent*, termo original. [N. E.]

políticas e práticas organizacionais fossem adotadas a fim de engajar e reter seus melhores profissionais. Colaboradores denominados *talentos* passam a receber atenção diferenciada, deixando de serem vistos apenas como recurso – o que leva algumas organizações a rebatizarem suas áreas de recursos humanos com outros nomes, como Gente & Gestão; Talentos Humanos; Desenvolvimento Humano, dentre outros. Nesse mesmo ano, o americano Dave Ulrich, professor da Universidade de Michigan, lança o livro *Os Campeões de Recursos Humanos*, sugerindo um novo destino e uma nova função para o departamento e o profissional de recursos humanos, trazendo a expressão "RH Estratégico" para o mundo corporativo e elevando o *status* desse líder dentro da organização. Por fim, ainda em 1997, a consultoria Great Place to Work, nascida em São Franciso, nos Estados Unidos, divulga o primeiro ranking das Melhores Empresas para Trabalhar no Brasil, classificando – com base na percepção dos funcionários e nas práticas de gestão de pessoas – os melhores ambientes para trabalhar no país.

Pioneiro no mundo, o Brasil contou com 130 empresas participantes naquele primeiro ano de pesquisa, ouvindo cerca de 40 mil funcionários e classificando 30 organizações. Um ano depois, a revista americana *Fortune* publicaria o ranking das

100 Melhores Empresa para Trabalhar nos Estados Unidos. Hoje, a consultoria espalha sua metodologia em 97 países, ouvindo mais de 12 milhões de colaboradores por ano. Só no Brasil, a pesquisa divulgada em 2021, teve mais de 4 mil participações de empresas, impactando um universo de quase 640 mil funcionários, mais do que a população total de Luxemburgo.

Ao longo de 25 anos de trabalho, o mundo mudou de forma acelerada. Novas tecnologias foram introduzidas, e novas gerações de profissionais chegaram ao mercado de trabalho, trazendo outras perguntas e esperando novas respostas das organizações. A cada ciclo da pesquisa, fomos observando como as Melhores Empresas vêm se adaptando às novas relações de trabalho, criando diferentes políticas, práticas e experiências de engajamento para atender ao novo perfil de colaborador. Não dava mais para segurar talentos na base da contraproposta nem prometer altos cargos em troca de fidelidade. Assim como não dá mais para ignorar a importância e o impacto da inclusão e diversidade no ambiente de trabalho e nos resultados dos negócios. Se, em 1997, essa pauta pouco aparecia na nossa pesquisa, hoje ela ganha não apenas um grande destaque, mas também passou a fazer parte dos nossos valores e metodologia. O *for all*, incorporado ao final da nossa missão há quatro anos, revela que trabalhamos para desenvolver excelentes ambientes de trabalho *para todos*, independentemente de seu cargo, sua origem, sua cor, sua religião, sua orientação sexual, seu gênero ou sua idade.

O NOVO TALENTO

A busca pela diversidade e inclusão, sem dúvida um pilar importantíssimo na evolução do mundo do trabalho e do ambiente corporativo em si, passou a oferecer às empresas também um novo olhar sobre talento. Durante os primeiros anos da nossa pesquisa, não era incomum as organizações rotularem seus talentos como os *Golden Boys* (meninos de ouro), uma expressão que hoje chocaria o mundo corporativo por todos os estereótipos nela representados. Afinal, se é *boy*, excluímos as mulheres e as pessoas mais experientes. Além da questão de gênero e idade, os talentos nas organizações no final da década de 1990 e início dos anos 2000 eram considerados os mais bem-nascidos, já que muitos processos de estágio e *trainees* admitiam apenas os jovens formados nas universidades top de linha, com inglês fluente e, se possível, alguma experiência internacional. Com esse filtro de entrada, durante anos muitas companhias formaram celeiros de profissionais homogêneos, desenvolvendo uma liderança de homens brancos graduados em engenharia ou administração de empresas em universidades conhecidas.

A partir do momento que a diversidade e a inclusão não apenas entram nas empresas, mas se tornam uma pauta estratégica, a definição sobre talento começa a mudar. Inúmeras pesquisas já apontam que equipes diversas costumam ser mais inovadoras, criativas e trazem novas e diferentes soluções para os problemas. Ainda que com atraso, as organizações agora partem para corrigir o padrão que as guiou durante anos. E – como sempre – as Melhores Empresas para Trabalhar saem na frente. Algumas organizações ranqueadas em nossa lista nacional passam a tirar a obrigatoriedade do inglês dos seus programas de *trainees* e ampliar o escopo de formações, permitindo assim que uma gama maior de profissionais tenha a oportunidade de ingressar na organização. O Magalu, por exemplo, empresa presente no ranking desde 1998, criou em 2020 um programa de *trainees* apenas para pessoas pretas. As chamadas vagas afirmativas passam a crescer nas empresas, assim como a prática do recrutamento às cegas, em que você não sabe – até determinado ponto da seleção – se o candidato é homem, mulher, preto, branco, jovem ou mais experiente (o Capítulo 10 aprofundará mais no tema da diversidade e inclusão).

Outra característica que vem mudando no mundo do trabalho de forma geral e exigindo um novo comportamento das empresas é o relacionamento com os colaboradores. Se, em 1997, a "Guerra por Talentos" autorizava as organizações e seus líderes a prender seus funcionários usando todos os artifícios possíveis – daí o verbo *reter* talentos, até hoje usado por muitas empresas Brasil afora –, atualmente, é preciso *investir* na melhor experiência de trabalho (diria até de vida), seja ela de curto, médio ou longo prazo. E para oferecer a melhor experiência é preciso conhecer melhor o funcionário, indo além do cargo e da função e envolvendo cada um do time nos diferentes desafios que vai encarar ao longo da sua jornada na empresa. O nome disso é *employee experience* e, embora possa parecer um conceito novo, desde a década de 1990 Robert Levering, o fundador do Great Place to Work, já havia percebido que proporcionar a melhor experiência de trabalho aumenta o índice de engajamento do colaborador. Ao longo dos anos, a nossa metodologia aprimorou essa nova relação que vinha surgindo nas organizações e definiu que a experiência positiva do colaborador se construía em nove etapas diferentes a partir de sua admissão, denominadas práticas culturais (leia mais sobre *Employee Experience* no Capítulo 9):

1. Contratar e Receber (acolher);
2. Inspirar;
3. Falar;
4. Escutar;
5. Agradecer;
6. Desenvolver;
7. Cuidar;
8. Celebrar;
9. Compartilhar.

NOVAS GERAÇÕES, NOVAS ABORDAGENS

Quando a primeira pesquisa do Great Place to Work foi publicada, havia praticamente duas grandes gerações no ambiente de trabalho: *baby boomers* (nascidos entre 1940 e 1960) e Geração X (nascidos entre 1960 e 1980). A geração Y estava ainda nos bancos escolares, alguns dos seus representantes ingressando na universidade.

Em 2021, temos quatro gerações convivendo no mesmo ambiente: além dos *baby boomers* que, embora em parcela menor, seguem na ativa, temos a Geração X, a Y e a Z, que representa os profissionais nascidos a partir de 1995, considerados – pelo período em que nasceram – nativos digitais. A cada nova entrada de geração, novos componentes nesse relacionamento – empresa-colaborador – foram acrescentados, provocando mudanças em algumas práticas para atender às novas expectativas dos profissionais. A gestão de pessoas se torna cada vez mais sofisticada – e complexa. Afinal, num relacionamento com apenas duas gerações (não nativas digitais), o compromisso era selado com base na lealdade e na oferta de salários, benefícios e planos de carreira sedutores.

A partir de meados da década de 2000, uma palavra ganha força nessa relação: propósito. O alinhamento de valores entra na nossa metodologia para identificar os principais motivos de permanência (e não mais retenção) dos profissionais. Afinal, as novas gerações – Y e Z – trazem um novo olhar sobre o significado do trabalho. Trabalha-se para ganhar dinheiro, sim, mas também para ser feliz e porque faz sentido com os meus valores e com aquilo em que acredito.

No gráfico a seguir, você pode ver os principais motivos de permanência dos funcionários das Melhores Empresas para Trabalhar no Brasil

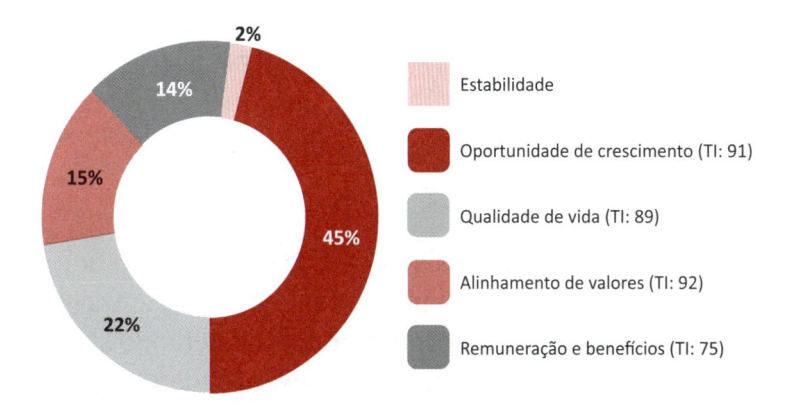

- Estabilidade — 2%
- Oportunidade de crescimento (TI: 91) — 45%
- Qualidade de vida (TI: 89) — 22%
- Alinhamento de valores (TI: 92) — 15%
- Remuneração e benefícios (TI: 75) — 14%

Não à toa, as Melhores Empresas para Trabalhar procuram, ano a ano, criar novas práticas para proporcionar maior sensação de qualidade de vida e oferecer, claro, a melhor experiência para seu colaborador. Alguns benefícios, como *day off* e licenças-sabáticas, que, no passado, puderam até ser considerados como frescura das empresas, hoje fazem parte do cardápio das principais organizações ranqueadas em nossas pesquisas. Apenas como spoiler do Capítulo 8, A *busca por um novo equilíbrio*, saiba que 62% das melhores empresas para trabalhar no país oferecem *day off* para seus funcionários; e mais de 90%, horário flexível.

A FLEXIBILIDADE É A NOVA REMUNERAÇÃO

Flexibilidade é a palavra que marca a gestão de pessoas no pós-pandemia, forçando as organizações a repensarem a forma como vêm operando até aqui. E não se trata apenas da flexibilidade de horários, prática que já vínhamos observando dentre as Melhores Empresas para Trabalhar nos últimos anos. O escopo aqui é maior. Há agora a necessidade de uma gestão mais flexível, que envolva uma liderança mais aberta (mais humana e menos heroína) e estruturas mais dinâmicas de trabalho. O avanço da tecnologia e a própria pandemia aceleraram a Transformação Digital, que sempre foi mais uma transformação de pessoas e cultura que uma transformação tecnológica. Ao mover equipes inteiras para trabalhar de forma remota e espalhadas uma das outras durante meses (em muitos casos, durante mais de dois anos), muitas organizações viraram a chavinha do modelo analógico/industrial para o tecnológico/digital, entendendo – na prática – que não há necessidade de controle para garantir alta produtividade. Ao contrário: quanto mais autonomia e liberdade o profissional tiver para trabalhar, mais engajado e produtivo ele se sente.

Quem não mudou a forma de operar, mantendo suas lideranças na versão 2.0, ou seja, apoiadas numa cartilha de gestão da década de 1990, vem sofrendo agora as piores consequências. O movimento cunhado de *Great Resignation* nos Estados Unidos vem mostrando – até para quem gosta de ignorar os fatos – que as pessoas não querem mais viver para trabalhar (e nem trabalhar para viver), mas ter uma ocupação que permita conciliar os vários papéis importantes de sua vida e que, obviamente, faça sentido e seja fonte de realização.

As vagas de emprego nos Estados Unidos, por exemplo, seguem em ritmo alto desde meados de 2021, com pequenos solavancos desde então. Segundo dados do Bureau of Labor Statistics, somente em julho de 2022, as vagas subiram para 11,2 milhões contra uma projeção de recuo dos economistas que apontavam para 10,5 milhões de posições abertas. O aumento surpreendente na abertura de vagas em todo o país sinaliza que não será fácil restabelecer o equilíbrio do mercado de trabalho quanto os dados

dos últimos meses sugeriram. As vagas de emprego ultrapassaram com folga o número de trabalhadores disponíveis durante grande parte da pandemia, à medida que as empresas lutam para recontratar e vários fatores impedem os americanos de retornar à força de trabalho. O declínio da primavera deu a entender que a escassez de mão de obra poderia estar revertendo o curso, já que os americanos desempregados estavam se recolocando. No entanto, a última impressão revela que a escassez é mais forte do que o esperado e que as empresas ainda estão firmes no modo de contratação.

Um relatório elaborado pelo Goldman Sachs[2] apontou algumas razões para essa demora na reinserção dos americanos no mercado de trabalho, alertando que esse fenômeno pode ser de longo prazo e representar uma ameaça ao crescimento da economia americana. Dentre elas, a que mais chama a atenção é a mudança no estilo de vida das pessoas e suas escolhas por novos tipos de trabalho, que ofereçam mais flexibilidade ainda que paguem menos. Esse novo comportamento não parece ser exclusivo dos americanos. No Brasil, onde a taxa de desemprego é muito maior que a americana e a realidade do mercado de trabalho é bem diferente, já conseguimos observar em alguns setores movimento semelhante. Segundo um levantamento feito pela consultoria LCA, com base nos dados do Cadastro Geral de Empregados e Desempregados (CAGED), em março de 2022, de 1,8 milhão das demissões no país, 603,1 mil foram voluntárias (33,2% do total).[3] Foi o maior número registrado desde o início da série histórica, em janeiro de 2020. Mais uma prova de que a relação com o trabalho mudou, exigindo também mudanças das organizações.

Quando olhamos para o universo das Melhores Empresas para Trabalhar, percebemos, mais uma vez, que elas já vinham acompanhando esse movimento há mais tempo. Não foi preciso uma pandemia acontecer para que entendessem que temos uma tecnologia que pode proporcionar mais qualidade de vida, desde que usada na medida certa. Além de estenderem suas licenças maternidade e paternidade e permitirem mais *day offs*, essas empresas vêm cada vez mais se aproximando dos profissionais, alinhando as estratégias de negócios e permitindo uma autonomia maior no trabalho. Dessa forma, diminuem os silos de poder e os níveis hierárquicos, aumentando a fluidez das tarefas. Algumas delas estão experimentando práticas ainda mais "agressivas" de flexibilidade, como a jornada de quatro dias de trabalho. É o caso da Bolt, uma empresa de comércio eletrônico com sede em São Francisco e 735 funcionários, que testou o programa de "quatro dias" no verão de 2021, depois que sua equipe executiva notou o esgotamento de alguns funcionários. A empresa, que já é certificada pelo Great Place to Work Estados Unidos, designou as segundas-feiras como dias informais de bem-estar, permitindo que as equipes tirassem esse dia de folga para recarregar as energias. Com base na resposta positiva, Ryan Breslow, fundador e presidente executivo da Bolt, decidiu pilotar uma semana de quatro dias em que todos os funcionários ficassem offline às sextas-feiras por três meses. Os resultados foram evidentes: o bem-estar, o moral e a produtividade dos funcionários melhoraram. Uma pesquisa realizada no final do período de teste revelou que os funcionários estavam mais saudáveis e felizes, e a decisão de tornar a política permanente foi imediata. Nada menos que 94% dos trabalhadores e 93% dos gerentes queriam que o programa continuasse e, dentre os 80% dos colaboradores que responderam à pesquisa, 84% disseram notar uma melhora no equilíbrio entre vida profissional e pessoal; 84% disseram que eram mais produtivos; e 86%, mais eficientes com seu tempo.

Os níveis de permanência dos profissionais se mantiveram os mesmos desde que a empresa oficializou a política e os níveis de atração aumentaram. Segundo Jennifer Christie, líder de pessoas da Bolt, a empresa recebeu 200% mais candidatos em 2022, em comparação com o mesmo período em 2021, sugerindo que a cultura que construíram e adotaram na Bolt se tornou um grande diferencial para as relações de trabalho do mundo atual.[4]

O QUE NÃO MUDOU: O ELEMENTO CONFIANÇA

Diante desse turbilhão de mudanças, que forçaram organizações e seus líderes a se adaptarem cada vez mais rapidamente ao novo mundo do trabalho, um elemento não só não mudou, como se tornou ainda mais relevante nas relações laborais: a confiança. Essa palavra, que guia toda a nossa metodologia desde as entrevistas com funcionários feitas por Robert Levering na década de 1980 – e que deram origem ao seu livro[**], o embrião do que viria a ser o negócio Great Place to Work – tornou-se o princípio fundamental no mundo do trabalho do século XXI, pós-pandemia. Afinal, apenas com base na confiança

---

** *Transforming Workplace Cultures: Insights from Great Place to Work Institute's first 25 years*, publicado pela Primavera Editorial em 2010. [N. E.]

eu consigo conhecer melhor meu colaborador; apenas com base na confiança eu posso adotar uma flexibilidade nas relações; apenas com base na confiança eu consigo permitir autonomia no trabalho; apenas com base na confiança eu alcanço o máximo potencial de cada funcionário e posso, assim, obter o melhor de cada um e o melhor de todos.

Em uma entrevista para a CNN Business[5], o CEO e co-fundador da Airbnb, Brian Chesky, afirmou que a flexibilidade funciona apenas quando você confia nas pessoas do seu time. "Nós conseguimos mostrar o quanto podemos realizar de forma remota", disse Chesky. "Nos últimos dois anos, enfrentamos a pandemia, reconstruímos a empresa do zero, abrimos o capital, atualizamos todo o nosso serviço e registramos ganhos recordes, tudo isso enquanto trabalhamos remotamente." A empresa anunciou em abril de 2022 que todos os seus funcionários poderão trabalhar de forma remota permanentemente e podem se mudar para qualquer lugar dentro do país em que trabalham.

No caso da Airbnb, os dois anos de pandemia provaram que não importa de onde você trabalha, é possível alcançar os melhores resultados desde que haja alinhamento da estratégia e da liderança, comprometimento da equipe e, acima de tudo, confiança entre os dois lados. No caso da maioria das empresas, porém, apenas dois anos não foram suficientes para derrubar uma cultura corporativa presencial. "Por décadas e décadas, os líderes aprenderam que se as pessoas não estivessem à sua frente, à vista, elas não estariam trabalhando. A covid-19 arruinou essa premissa", disse Anna Tavis, professora e diretora acadêmica de gestão de capital humano da New York University. "Agora, porém, com a possibilidade de retorno, há muita hesitação em torno do híbrido, vemos muita gente sendo chamada de volta porque líderes temem que a cultura se perca e outros estão ainda se perguntando se os funcionários são confiáveis para merecerem a flexibilidade."[6]

Quando olhamos para o grupo que compõe o ranking das Melhores Empresas para Trabalhar no Brasil, percebemos que, em 25 anos, houve um amadurecimento na gestão de pessoas e um fortalecimento dos laços de confiança entre líderes e liderados. A média geral de satisfação dos funcionários, que é calculada para todas as afirmativas que compõem nossa metodologia, cresceu 11 pontos percentuais de 1997 para 2021, sendo que o salto quantitativo se deu de 2006 para 2021 – 9 pontos percentuais. De forma coloquial, para quem é íntimo da metodologia Great Place to Work, dizemos que o TI (*Trust Index*) das empresas cresceu 11% de 1997 para cá, revelando um aprimoramento nas práticas de gestão de pessoas, mas sobretudo um acompanhamento de perto desse grupo junto ao novo perfil de profissional e às novas relações de trabalho que se formam ao longo do tempo.

As Melhores Empresas sempre souberam – e reforçam essa premissa a cada ciclo – que colocar as pessoas no centro da estratégia é a única maneira de responder de forma assertiva e competitiva ao mundo ágil dos negócios.

Os próximos capítulos irão abordar como os principais pilares da gestão de pessoas, com base em nossa metodologia, sofreram mudanças ao longo do tempo e como pessoas e empresas foram respondendo a essas mudanças.

REFERÊNCIAS

1. BUREAU of Labor Statistics. *Employment Projections: 2021-2031*. Disponível em: https://www.bls.gov/news.release/ecopro.nr0.htm. Acesso em: set. 2022.

2. BRIGS, Joseph. *Why Isn't Labor Force Participation Recovering?*, 2021, 11 de Novembro. Disponível em: https://www.gspublishing.com/content/research/en/reports/2021/11/12/4f72d573-c573-4c4b-8812-1d-32ce3b973e.html. Acesso em: ago. 2022.

3. LCA. *Cadastro Geral de Empregados e Desempregados (CAGED)*. 2022.

4. AMIRE, Roula. *Bolt's 4-day workweek boosts employee happiness and well-being*. Disponível em: https://www.greatplacetowork.com/resources/blog/bolt%E2%80%99s-4-day-workweek-boosts-employee-happiness-and-well-being/ Acesso em: ago. 2022.

5. O'BRIEN, Sara Ashley. *Airbnb says staffers can work remotely forever, if they want*. Disponível em: https://edition.cnn.com/2022/04/28/tech/airbnb-return-to-office-update/index.html. Acesso em: ago. 2022.

6. BIGARELLI, Barbara. *Modelos Flexíveis requerem que líderes confiem mais nos funcionários, e isso leva tempo, diz professora da NYU*. Disponível em: https://valor.globo.com/carreira/noticia/2022/05/23/modelos-flexiveis-requerem-confianca-e-isso-leva-tempo.ghtml. Acesso em: ago. 2022.

[

CAPÍTULO 2
Afinal, o que é uma excelente empresa para trabalhar?

A melhor empresa para mim pode não ser a melhor para você, mas uma coisa elas têm em comum: sabem criar laços de confiança e promover orgulho entre seus times.

CONFIANÇA. COMO JÁ ABORDAMOS NO CAPÍ-tulo anterior, essa é a palavra que sempre guiou os trabalhos de Robert Levering e que sustenta toda a metodologia do Great Place to Work desde a primeira pesquisa, publicada em 1997. Na busca por encontrar os bons exemplos de organizações,

Levering notou um ponto em comum nos depoimentos dos funcionários, seus entrevistados: aqueles que mais diziam confiar nas pessoas com as quais trabalhavam e mais orgulho sentiam de suas atividades, mais engajados e satisfeitos estavam em relação à sua organização.

Portanto, podemos responder à pergunta deste capítulo com uma simples resposta: um excelente lugar para trabalhar é aquele em que você confia nas pessoas para quem trabalha, gosta dessas pessoas e sente orgulho do que faz. Confiança sempre foi o principal elemento no relacionamento dentro do ambiente de trabalho – tornando-se ainda mais evidente num mundo que passou a derrubar as barreiras físicas dos escritórios. A qualidade dos relacionamentos estabelecidos entre líderes e liderados, principalmente, é um dos traços mais evidentes nas excelentes empresas para trabalhar. Num mundo em que precisamos nos conectar cada vez mais aos colaboradores, saem na frente os líderes que conseguem temperar melhor esse relacionamento, fomentando assim um terreno de confiança para o trabalho. E o que temos observado ao longo dos anos é que, dentre as Melhores Empresas, a relação de confiança vem aumentando significativamente.

Os dados apresentados a seguir representam o olhar dos funcionários, ou seja, a percepção deles em relação ao clima a partir de nossa metodologia.

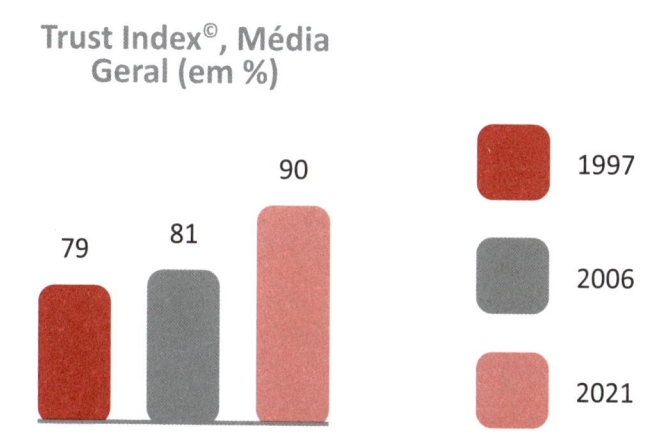

Trust Index©, Média Geral (em %)

Ano	%
1997	79
2006	81
2021	90

A média geral de satisfação, que é calculada para todas as afirmativas que compõem nossa metodologia, cresceu 11 pontos percentuais de 1997 para 2021, sendo que o salto quantitativo se deu de 2006 para aquele último ano – nove pontos percentuais.

Mas como chegamos a esse índice? Simples. O ambiente de trabalho ou clima organizacional é mensurado por meio de cinco dimensões, conforme ilustra a figura da outra página. Todas elas são ingredientes importantes para nutrir o relacionamento e estabelecer uma relação de confiança com seus times.

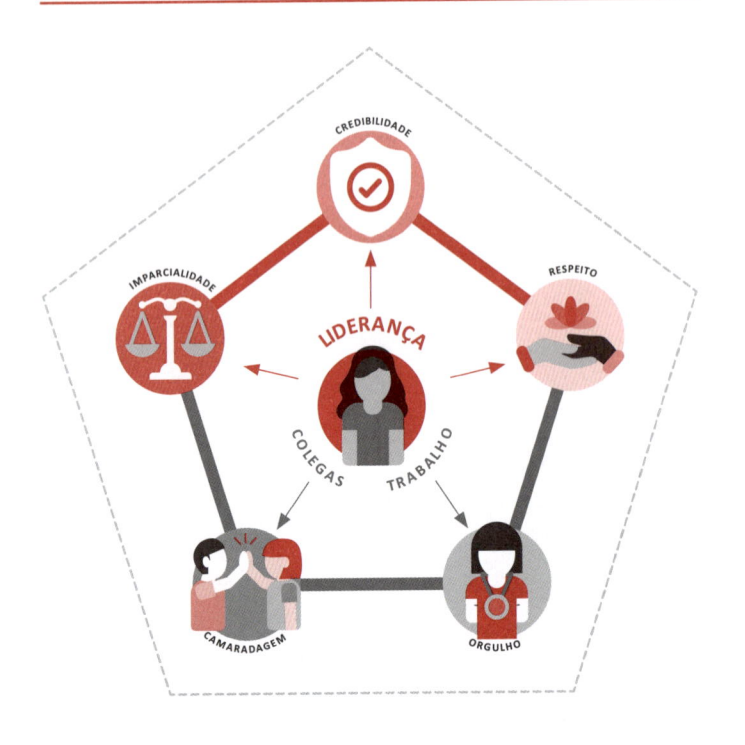

Credibilidade

Essa dimensão é construída a partir da observação que os funcionários fazem do dia a dia do seu líder, comparando as práticas *versus* o discurso realizado. O famoso *Walk the talk* (em que discurso e prática estão alinhados e são visíveis). A qualidade da comunicação interpessoal e a competência na gestão de pessoas têm peso decisivo nesse item, bem como a integridade e a consistência na condução da gestão.

Respeito

Para o funcionário, respeito significa ser reconhecido no trabalho e valorizado como ser humano. O respeito é explicitado pelo profundo compromisso da empresa em tratar bem seus profissionais e fazê-los participar das decisões que afetam seu trabalho. É traduzido pela criação de oportunidades reais de crescimento e desenvolvimento profissional, pelo fornecimento de instalações, recursos e equipamentos adequados para o trabalho e, finalmente, pelo oferecimento de pacotes de benefícios que atendam às suas necessidades.

Imparcialidade

Essa dimensão aborda os programas e as práticas adotadas pelas empresas para assegurar um tratamento imparcial a todos os funcionários. Significa perseguir a equidade, a justiça e transmitir regras claras para todos. Desencorajar o favoritismo e a politicagem, apoiar os esforços para a promoção interna, celebrar a diversidade e criar mecanismos de apelação para tratar injustiças são alguns dos desafios propostos às organizações que almejam uma boa pontuação nessa dimensão.

Orgulho

A melhor forma de medir o orgulho que o funcionário sente pela empresa é ver se há realmente brilho nos seus olhos. Para isso, eles precisam se sentir parte de uma comunidade, ter prazer nas suas atividades e assumir desafios sem se importar se eles fazem parte do seu cargo ou da sua função. Em tempos de redes sociais, fica até mais fácil reconhecer o orgulho que algumas pessoas sentem pelos seus trabalhos, seus líderes e suas organizações. Para os fãs da #lovemyjob, o trabalho tem um significado especial. Vai além de um lugar para se ganhar o pão e pagar boletos. Em geral, o alto nível de orgulho facilita o engajamento dos funcionários, aumenta sua produtividade, seu sentimento de pertencer a uma comunidade e seu comprometimento com a organização.

Camaradagem

Por fim, a camaradagem reflete a convivência agradável entre os colegas de trabalho. Todos gostam de estar uns com os outros. As pessoas se ajudam nas tarefas, recebem bem os novos integrantes, celebram juntas as conquistas e não puxam o tapete alheio. Há um clima de amizade no ar e o ambiente é descontraído e informal. Durante o processo de tomada de decisão sobre retornar ou não ao trabalho presencial, muitas empresas decidiram ouvir seus funcionários antes de assumir uma nova política de trabalho. Para boa parte dos que foram ouvidos, a preferência pelo retorno – ainda que num modelo híbrido – era justificada pela vontade de estar com os colegas e equipe. Mais do que a própria cultura da empresa, era esse vínculo com as pessoas que fazem parte da rotina do trabalho o principal motivo para que elas preferissem estar ao menos dois ou três dias no escritório. Isso é camaradagem.

Cada dimensão da nossa metodologia possui um conjunto de afirmativas. E é importante dizer que isso também foi mudando ao longo dos anos. Em 1997, o Modelo GPTW©® continha 50 afirmativas; em 2006 eram 57 enunciados e, em 2021, temos um total de 60 afirmativas, sendo 59 relacionadas às dimensões e a última mede a percepção do funcionário sobre a empresa ser um excelente lugar para se trabalhar, quando se pesam os prós e os contras (*gestalt*). As mudanças ocorridas ao longo do tempo buscam adaptar a nossa metodologia ao contexto histórico em que as empresas vivem, portanto trata-se de uma pesquisa "viva" e que sempre sofrerá alterações quando houver necessidade.

Atualmente, cada dimensão tem o seguinte peso:

Dimensões	%
Credibilidade	25
Respeito	24
Imparcialidade	20
Orgulho	19
Camaradagem	12

A composição de enunciados por dimensão oscilou discretamente desde 1997. Atualmente, temos 69% das afirmativas de nosso Modelo© que medem o Vínculo de Confiança (Credibilidade, Respeito e Imparcialidade). Analisando as afirmativas que fazem parte das três primeiras dimensões, temos as seguintes características que auxiliam a construir a confiança:

Vínculo de Confiança	% em relação ao total de afirmativas que compõem o Vínculo de Confiança
Comunicação interpessoal do líder com a equipe	12
Competência técnica e capacidade para gerir pessoas	23
Comportamento observado do líder	23
Utilização das políticas e práticas para gerir as pessoas	15
Criação de ambiente saudável para se trabalhar	27

O papel da liderança no ambiente de trabalho tem forte relação com as características que levam à construção do Vínculo de Confiança, descritas a seguir:

- a comunicação interpessoal para tratar do momento presente e futuro da organização, alinhando as pessoas às mudanças vivenciadas pela empresa e à própria estratégia;
- a competência técnica para a condução dos negócios e a capacidade para gerir pessoas;
- o comportamento e a coerência observada pelos liderados;
- a atuação do líder como principal gestor de recursos humanos e, para tanto, responsável

pela aplicação das políticas e das práticas de maneira imparcial;
- a liderança, por fim, como catalisadora para a construção de um ambiente saudável do ponto de vista emocional com o fornecimento de condições adequadas para se trabalhar.

A conclusão é clara: quando os funcionários dizem que confiam na empresa para a qual trabalham estão dizendo que confiam no líder para quem trabalham, reforçando aqui uma premissa corporativa de que as pessoas ficam ou saem dos seus empregos muito mais por causa dos seus líderes do que por salários, benefícios ou pela própria função. Ao longo de 25 anos, percebemos que esse elo não mudou. Apesar de o mundo hoje exigir um novo perfil do líder, mais aberto, mais flexível, menos centralizador, ele ou ela segue sendo o elemento fundamental na construção de um excelente lugar para trabalhar.

POR QUE A CONFIANÇA AUMENTOU?

O Vínculo de Confiança teve uma evolução de 2 pontos percentuais da 1ª edição das Melhores Empresas para Trabalhar à 10ª edição, em 2006 e, posteriormente, cresceu mais 9 pontos percentuais de 2006 para 2021. Aqui, vale destacar que evolução significativa é aquela superior a 7 pontos percentuais, logo, a confiança é mais robusta em 2021 do que era no primeiro ano do estudo das Melhores.

Pode-se observar, ao analisar as dimensões que compõem esse Vínculo, que Credibilidade evoluiu 10 pontos percentuais de 1997 a 2021; Respeito, 12 pontos e, finalmente, Imparcialidade evoluiu 19 pontos percentuais. Esse último salto chama muita atenção, pois aqui revela a percepção do funcionário em relação à justiça no ambiente de trabalho. Como já apontamos no capítulo anterior, incluímos na nossa missão o *for all* (para todos), reforçando que um excelente ambiente de trabalho deve ser excelente para todos os funcionários, independentemente de sua função e tantas outras diferenças que cada um de nós carregamos na nossa vida. Ao analisar esse salto, percebemos que esse grupo de empresas caminha para diminuir essa diferença no tratamento dado aos funcionários, esforçando-se para que suas políticas e práticas sejam cada vez mais abrangentes e inclusivas.

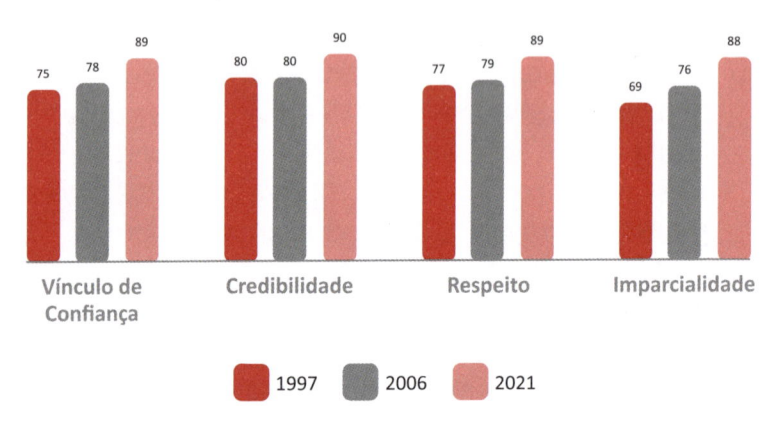

Evolução do Vínculo de Confiança (em %)

	1997	2006	2021
Vínculo de Confiança	75	78	89
Credibilidade	80	80	90
Respeito	77	79	89
Imparcialidade	69	76	88

Nos quadros a seguir, demonstramos as maiores variações significativas ligadas ao Vínculo de Confiança. Felizmente, nenhuma afirmativa teve uma variação negativa desde 1997.

	Afirmativas	Δ% (1997 para 2021)
1	Os gestores me mantêm informado sobre assuntos importantes e sobre mudanças na organização	12
2	Os gestores deixam claras suas expectativas	9
3	Posso fazer qualquer pergunta razoável aos gestores e obter respostas diretas	9
5	Os gestores são competentes para tocar o negócio	8
7	Os gestores sabem coordenar pessoas e distribuir tarefas adequadamente	12
8	Os gestores confiam que as pessoas fazem um bom trabalho sem precisar vigiá-las	8
9	Os gestores aqui dão autonomia às pessoas	12
10	Os gestores têm uma visão clara de para onde estamos indo e como fazer para chegar lá	9
11	Os gestores cumprem o que prometem	14
12	Os gestores agem de acordo com o que falam	15
13	Acredito que os gestores só promoveriam reduções de quadro como último recurso	9
14	Os gestores são honestos e éticos na condução dos negócios	8
16	A organização me oferece treinamento ou outras formas de desenvolvimento para o meu crescimento profissional	7
17	Eu recebo os equipamentos e recursos necessários para realizar meu trabalho	7
18	Os gestores agradecem o bom trabalho e o esforço extra	15

	Afirmativas	Δ% (1997 para 2021)
19	Os gestores reconhecem erros não intencionais como parte do negócio	15
21	Os gestores incentivam ideias e sugestões e as levam em consideração de forma sincera	10
22	Os gestores envolvem as pessoas em decisões que afetam suas atividades e seu ambiente de trabalho	11
23	Este é um lugar fisicamente seguro para trabalhar	8
24	Este é um lugar psicológica e emocionalmente saudável para trabalhar	8
25	Nossas instalações contribuem para um bom ambiente de trabalho	7
27	As pessoas são encorajadas a equilibrar sua vida profissional e pessoal	20
28	Os gestores mostram interesse sincero por mim como pessoa e não somente como empregado	12
30	As pessoas aqui são pagas adequadamente pelo serviço que fazem	12
31	Acredito que a quantia que recebo como participação nos resultados da organização é justa	13
32	Todos aqui têm a oportunidade de receber um reconhecimento especial	16
33	Eu sou considerado importante independentemente de minha posição na organização	8
34	As promoções são dadas às pessoas que realmente merecem	18

	Afirmativas	Δ% (1997 para 2021)
35	Os gestores evitam o favoritismo	18
36	As pessoas evitam fazer "politicagem" e intrigas como forma de obter resultados	21
41	Se eu for tratado injustamente, acredito que serei ouvido e acabarei recebendo um tratamento justo	12*

Em 25 anos, podemos concluir – pela série histórica da nossa pesquisa – que o aumento da confiança é fruto de um amadurecimento da gestão de pessoas de uma forma geral. Se, em 1997, apenas 30 empresas apareciam como modelos de ambiente de

---

* As afirmativas "6 - Os gestores contratam pessoas que se enquadram bem aqui", "15 - Nossos executivos representam plenamente os valores e comportamentos da nossa organização" e "20 - Nós valorizamos pessoas que tentam fazer as coisas de formas novas e melhores, independentemente do resultado alcançado" não possuem comparabilidade com a Edição 1997. As afirmativas "4 - É fácil se aproximar dos gestores e é também fácil falar com ele", "26 - Posso me ausentar do trabalho quando necessário", "29 - Temos benefícios especiais e diferenciados aqui", "37 - As pessoas aqui são bem-tratadas independentemente de sua idade", "38 - As pessoas aqui são bem-tratadas independentemente de sua cor ou etnia", "39 - As pessoas aqui são bem-tratadas independentemente de seu gênero" e "40 - As pessoas aqui são bem-tratadas independentemente de sua orientação sexual" tiveram variações discretas e não significativas, portanto não fazem parte do quadro acima. [N. A.]

trabalho, hoje temos mais de 2.400 empresas certificadas pela nossa metodologia, empresas essas que passaram a entender o impacto que um bom ambiente de trabalho causa na sua organização. A própria área de recursos humanos se transformou em mais de duas décadas. No final dos anos 1990, estávamos ainda vivendo uma transição entre um departamento pessoal e uma área de recursos humanos mais estratégica. A partir do momento que métricas e indicadores passam a fazer parte da vida do RH, e suas políticas e práticas devem derivar da estratégia de negócio, a gestão de pessoas cresce – e fica mais sofisticada. Como consequência de uma nova mentalidade de gestão, há mais investimento em desenvolvimento, formação de lideranças e sucessores e em práticas de engajamento. O resultado? O aumento da confiança.

Como parte desse amadurecimento, vem a formação de uma nova liderança, que vai se revelando a cada ciclo da pesquisa mais protagonista na construção de um excelente lugar para trabalhar. Na década de 1990 e até o início dos anos 2000, falar de bons ambientes de trabalho e gestão de pessoas em si era papo de e do RH. Hoje, essa premissa tem mudado; afinal, quem faz a gestão de pessoas na prática e na ponta é a liderança. São eles os construtores de relacionamentos dentro do ambiente organizacional. E é por meio deles, da relação de confiança que eles desenvolvem com suas equipes, que as pessoas se sentem mais livres para trabalhar, engajadas e reconhecidas, aumentando assim seu nível de comprometimento e, consequentemente, de produtividade. É bom para eles, para os colaboradores, para os negócios e, claro, para a sociedade.

PRINCIPAIS CONCLUSÕES

- Um excelente lugar para trabalhar é aquele em que você confia nas pessoas para quem trabalha, gosta dessas pessoas e sente orgulho do que faz. Confiança sempre foi o principal elemento no relacionamento dentro do ambiente de trabalho – tornando-se ainda mais evidente num mundo que passou a derrubar as barreiras físicas dos escritórios.
- As características que levam à construção do Vínculo de Confiança têm forte relação com o papel da liderança no ambiente de trabalho: quando os funcionários dizem que confiam na empresa

para a qual trabalham, de fato estão dizendo que confiam no líder para quem trabalham.
- A média geral de satisfação, que é calculada para todas as afirmativas que compõem nossa metodologia, cresceu 11 pontos percentuais de 1997 para 2021, sendo que o salto quantitativo se deu de 2006 para aquele último ano – 9 pontos percentuais.
- O ambiente de trabalho ou clima organizacional é mensurado por meio de cinco dimensões: credibilidade, respeito, imparcialidade, orgulho e camaradagem. Todas subiram ao longo de 25 anos, sendo que a dimensão Imparcialidade, que revela a percepção do funcionário em relação à justiça no ambiente de trabalho, evoluiu 19 pontos percentuais.
- O aumento da confiança observado nesses 25 anos de pesquisa é fruto de um amadurecimento da gestão de pessoas de uma forma geral, que passou a ter: uma área de recursos humanos mais estratégica, mais investimento no desenvolvimento dos colaboradores e em práticas de engajamento e, principalmente, em uma liderança mais atuante e mais humanizada.

CAPÍTULO 3

As Melhores: ontem, hoje e amanhã

Mais flexibilidade, menos hierarquia e carreiras mais curtas: o perfil das melhores empresas para trabalhar em 25 anos de história.

TODA EMPRESA, NÃO IMPORTA O TAMANHO, segmento de atuação ou localização geográfica, pode ser uma excelente empresa para trabalhar. Nos nossos *rankings*, temos empresas pequenas – de 30 funcionários – a gigantes – com mais de 40 mil funcionários. Algumas centenárias e outras *startups*, com poucos anos de atuação. Empresas de agronegócio e de indústria. Varejo e Tecnologia. Saúde e Serviços. Da capital, do interior e até da fazenda. O que faz uma empresa ser boa para trabalhar, como vimos no capítulo anterior, não está ligado ao seu porte e estrutura, mas ao nível de confiança que ela consegue estabelecer com seus colaboradores.

E este é o objetivo deste capítulo: revelar que não há uma relação direta entre ser reconhecida pelos funcionários como uma excelente empresa para trabalhar e a origem do capital, o tamanho do negócio, o setor de atuação ou ainda a localização geográfica. Também vamos trazer aqui alguns comparativos demográficos importantes que mudaram ao longo do tempo, como uma resposta das melhores empresas para o mundo do trabalho de hoje e de amanhã.

ORIGEM DO CAPITAL

Na primeira edição de nosso estudo, em 1997, as empresas de origem de capital multinacional tinham uma média geral superior à das nacionais, no entanto, a variação era discreta (2 pontos percentuais). Em 2006, no estudo sobre os 10 anos das Melhores, a distância entre uma e outra permaneceu na casa dos 2 pontos percentuais. Em 2021, as médias ficaram no patamar de 90%. Assim, cabe destacar que a evolução das empresas, quando olhamos sob a óptica do funcionário (*Trust Index*), com origem de capital multinacional cresceu 10 pontos percentuais de 1997 a 2021 e as de origem nacional cresceram 12 pontos percentuais. Praticamente a mesma coisa.

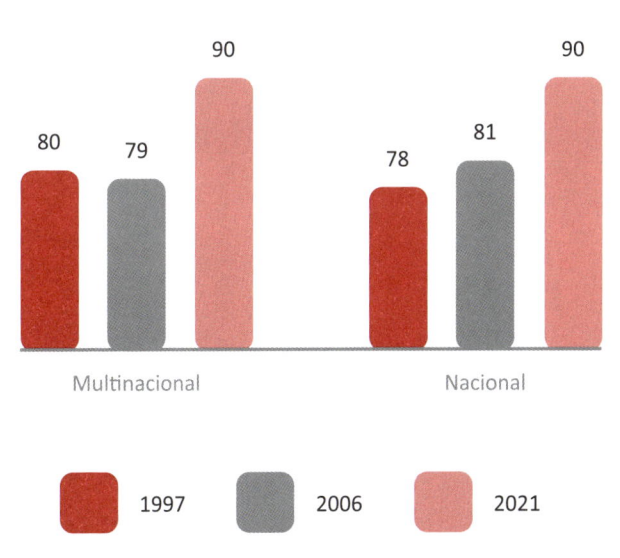

Trust Index©, Origem de Capital (em %)

	Multinacional	Nacional
1997	80	78
2006	79	81
2021	90	90

FATURAMENTO

Independentemente do volume de faturamento, podemos observar que o índice de confiança cresceu entre as Melhores desde a primeira edição do estudo. Os estratos que mais cresceram foram os das organizações com faturamento de até 100 milhões de dólares e de até 400 milhões de dólares – 13 pontos percentuais desde 1997. Os demais estratos cresceram entre 9 e 12%.

Trust Index©, Faturamento (em %)

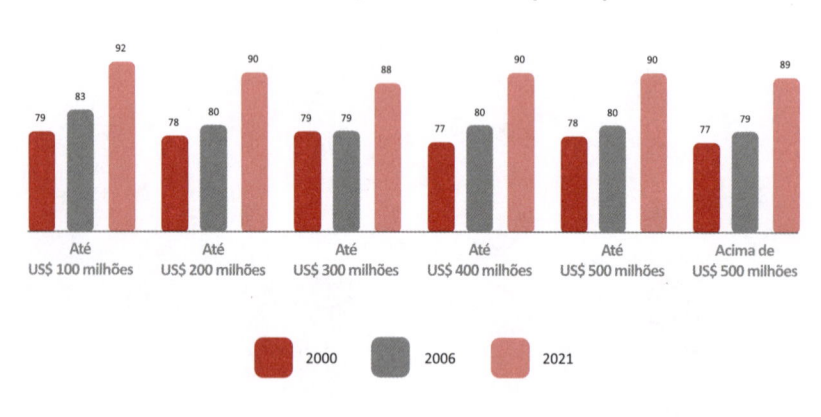

Faturamento	2000	2006	2021
Até US$ 100 milhões	79	83	92
Até US$ 200 milhões	78	80	90
Até US$ 300 milhões	79	79	88
Até US$ 400 milhões	77	80	90
Até US$ 500 milhões	78	80	90
Acima de US$ 500 milhões	77	79	89

SETOR DE ATUAÇÃO

Ao observar os setores representados pelas empresas que fazem parte do ranking das melhores para trabalhar, percebemos uma mudança interessante em 25 anos. Em 1997, primeiro ano da lista, 68% das empresas classificadas representavam o setor de Produção e Manufatura. Em 2006, apesar de esse segmento ainda se sobrepor aos demais, sua participação caiu para 37%. E em 2021, uma grande virada: Tecnologia da Informação, que correspondia a apenas 7% das empresas premiadas em 1997, se tornou o segmento com mais peso da lista (29%). Outro setor que cresce na pesquisa é Serviços Financeiros e Seguros, que saltou de 3% em 1997 para 20% de participação em 2021. Produção e Manufatura, por sua vez, representa atualmente 16% das empresas premiadas.

Para fins de comparação adotamos a Classificação Nacional de Atividades Econômicas (CNAE) e adaptamos as informações de 1997 e 2006 às de 2021. Além disso, agrupamos setores com menos de cinco empresas no grupo Diversos, que engloba as atividades de Agricultura, Silvicultura e Piscicultura, Construção e Infraestrutura, Educação e Treinamento, Mídia/Online/Internet, Mineração,

Serviços Industriais, Serviços Profissionais, Telecomunicações e Transportes.

	1997		2006		2021	
	Nº de empresas Melhores Brasil	%	Nº de empresas Melhores Brasil	%	Nº de empresas Melhores Brasil	%
Biotecnologia e Farmacêutico	1	3%	10	10%	9	6%
Diversos	4	13%	27	27%	15	11%
Hotéis e Restaurantes	1	3%	1	1%	5	3%
Outro	1	3%	ND	ND	6	4%
Produção e Manufaturas	20	68%	37	37%	24	16%
Serviços de Saúde	ND	ND	6	6%	8	5%
Serviços Financeiros e Seguros	1	3%	6	6%	30	20%
Tecnologia da Informação	2	7%	9	9%	44	29%
Varejo	ND	ND	4	4%	9	6%
TOTAIS	**30**	**100%**	**100**	**100%**	**150**	**100%**

ND = Dados não disponíveis

Quando avaliamos, porém, o *Trust Index* por segmento, ou seja, a relação de confiança que os funcionários nutrem com suas organizações, mais uma vez observamos que não é o setor A ou B que faz a diferença. Todos eles praticamente tiveram um aumento no seu índice de confiança de 1997 para cá, corroborando, dessa forma, nossa análise sobre o que faz uma boa empresa para trabalhar, não podemos classificar um segmento como o mais bacana que outro. Assim como o tamanho não importa, o setor também não vai impactar na construção de um ambiente de confiança. Há indústrias excelentes para trabalhar, assim como há varejistas, hospitais, empresas de tecnologia e agronegócio. Todas podem desenvolver lugares acolhedores, de respeito e fomentar o engajamento de suas equipes.

No gráfico abaixo, obsevamos a evolução do *Trust Index* por setor nos três anos de análise.

Trust Index©, Setor de Atuação (em %)

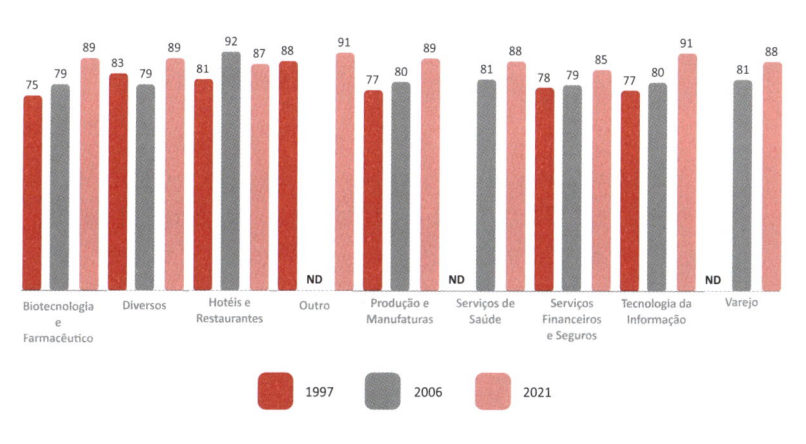

Setor	1997	2006	2021
Biotecnologia e Farmacêutico	75	79	89
Diversos	83	79	89
Hotéis e Restaurantes	81	92	87
Outro	ND	88	91
Produção e Manufaturas	77	80	89
Serviços de Saúde	ND	81	88
Serviços Financeiros e Seguros	78	79	85
Tecnologia da Informação	77	80	91
Varejo	ND	81	88

ND = Dados não disponíveis

Como regra, todos os setores de atuação evoluíram de 1997 para 2006 e deste ano para o de 2021, exceto o Diversos, que teve um decréscimo de 4 pontos percentuais de 1997 para 2006, entretanto evoluiu 10 pontos percentuais de 2006 para 2021.

Vale mencionar que a variação entre a menor e a maior média não é idêntica em 1997, 2006 e 2021. Em 1997, a diferença era de 13 pontos percentuais; em 2006, também de 13 e, em 2021, a variação é de somente 4 pontos percentuais. Isso significa que, atualmente, há maior homogeneidade entre a qualidade do clima organizacional dentro do universo das Melhores Empresas, independentemente do setor de atuação.

REGIÃO GEOGRÁFICA

Há uma pergunta que nos é feita de maneira recorrente: "Não é mais fácil ter um excelente lugar para trabalhar em regiões mais distantes ou cidades menores, localizadas no interior do Estado, pois lá a qualidade de vida e a proximidade entre as pessoas são fatores importantes e mais possíveis de se concretizarem?". A nossa resposta é invariavelmente: não! Vamos reforçar quantas vezes forem necessárias que ser uma excelente empresa não está relacionado às variáveis de tamanho do negócio, setor de atuação, origem do capital e – também – sua localização geográfica.

Há dados, porém, curiosos ao mergulharmos nos 25 anos de nosso trabalho no Brasil. No primeiro ano em que a pesquisa foi aplicada, não havia empresas da região Centro-Oeste, Norte e Nordeste na nossa amostra, fazendo com que a lista das melhores empresas para trabalhar em 1997 tivesse uma concentração de organizações do Sudeste e Sul. E, avaliando esse período, podíamos observar que a qualidade do clima organizacional era 10 pontos percentuais superior no Sudeste em relação ao Sul.

Já em 2006, quando completamos 10 anos de estudo das Melhores Empresas para Trabalhar no Brasil, o processo já contava com representantes de todas as regiões geográficas e com médias mais balanceadas entre elas, o que se acentua quando olhamos para o estudo de 2021, mostrando ainda mais homogeneidade entre as empresas, independentemente da sua localização. Há um destaque significativo da região Sul, que cresceu 22 pontos percentuais desde a primeira Edição das Melhores.

Trust Index©, Região Geográfica (em %)

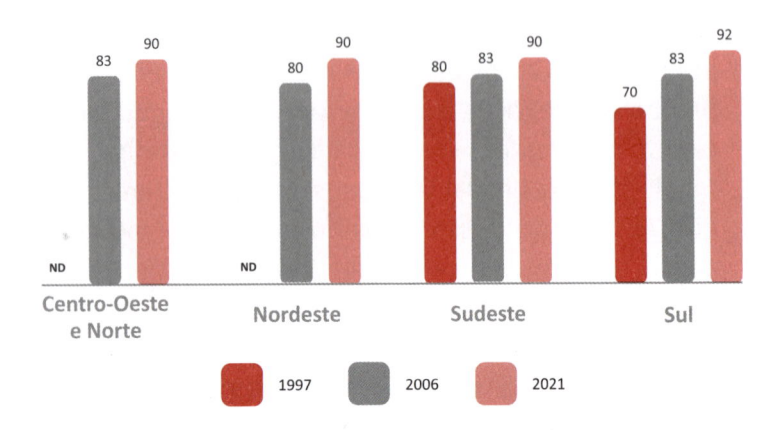

Região	1997	2006	2021
Centro-Oeste e Norte	ND	83	90
Nordeste	ND	80	90
Sudeste	80	83	90
Sul	70	83	92

Há um outro indicador de que podemos lançar mão aqui para provar – mais uma vez – que a localização geográfica não é entrave para organizações se tornarem ótimos ambientes de trabalho. Trata-se do Índice de Desenvolvimento Humano (IDH), que mede vários aspectos (economia, educação, saúde, distribuição de renda etc.) responsáveis por proporcionar melhor qualidade de vida para os habitantes de várias regiões que compõem o Brasil. O índice é calculado com base em premissas estabelecidas pelo Programa das Nações Unidas para o Desenvolvimento (PNUD).

O gráfico abaixo demonstra o IDH de cada região geográfica brasileira. Se cruzarmos os dados deste gráfico com os do anterior notaremos que, por exemplo, a região Nordeste, que tem indicador de 0,66, possui um conjunto de empresas com média de 90% em relação à qualidade do ambiente de trabalho, exatamente a mesma média das empresas sediadas na região Sudeste com IDH de 0,75.

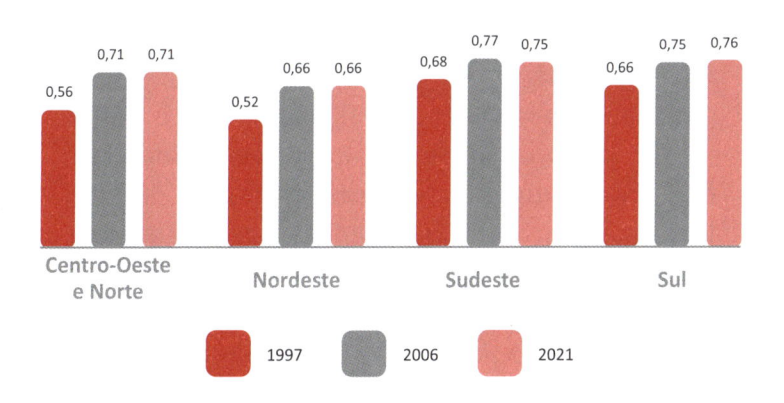

IDH por região geográfica

Região	1997	2006	2021
Centro-Oeste e Norte	0,56	0,71	0,71
Nordeste	0,52	0,66	0,66
Sudeste	0,68	0,77	0,75
Sul	0,66	0,75	0,76

Assim, mais uma vez, para não deixar dúvida, podemos afirmar que não há uma relação direta entre "estar numa cidade do interior com mais qualidade de vida e facilidade de proximidade entre os habitantes" e ser um excelente lugar para trabalhar!

CARGO

Quando Robert Levering foi a campo conversar com funcionários para saber se existiam boas empresas para trabalhar e o que elas significavam, ele queria ouvir os colaboradores de forma geral, e não apenas fazer entrevistas com o chamado "alto escalão". Afinal, na década de 1980, as empresas eram mais hierarquizadas, os benefícios oferecidos a quem estava no topo e quem atuava na base eram bem distintos e toda essa política de segregação impactaria sua análise geral. Afinal, seriam os líderes e os mais bem-remunerados os mais satisfeitos com seu trabalho?

Até poderia ser, mas no passado. Hoje, observamos como as melhores empresas vêm se tornando menos hierárquicas, mais flexíveis e inclusivas (*for all*), o que tem refletido – e de forma muito significativa – no indicador da pesquisa. Se no passado conseguíamos observar uma diferença entre a avaliação dos líderes e liderados, hoje essa lacuna quase não existe mais, conforme se observa no quadro abaixo. Importante ressaltar que, recentemente, o GPTW® EUA unificou a nomenclatura dos estratos dessa variável demográfica para permitir a comparabilidade entre as organizações e os diversos países que preenchem a nossa pesquisa. Dessa forma, os dados já contemplam essa alteração.

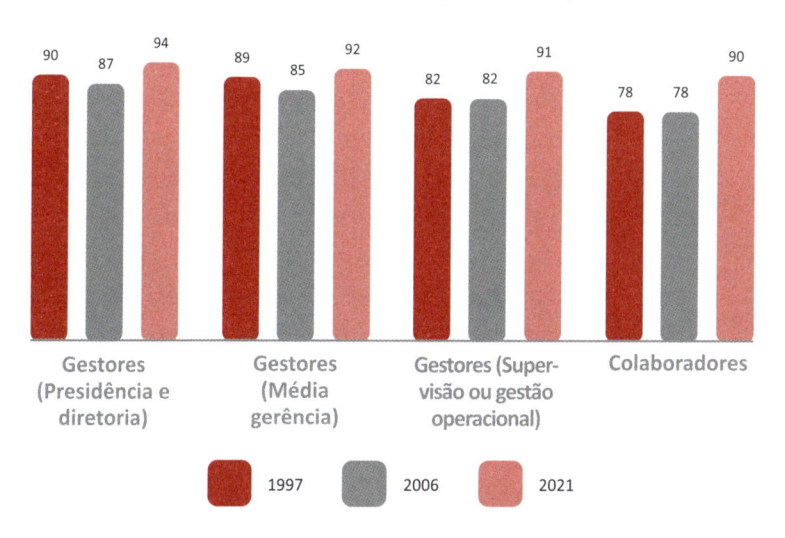

Trust Index©, Tipo de Cargo GPTW® (em %)

Cargo	1997	2006	2021
Gestores (Presidência e diretoria)	90	87	94
Gestores (Média gerência)	89	85	92
Gestores (Supervisão ou gestão operacional)	82	82	91
Colaboradores	78	78	90

Como trouxemos no primeiro capítulo, o mundo mudou e o mundo do trabalho respondeu a essas mudanças. Pelo gráfico acima, quando observamos as médias de cada estrato que compõe a variável Cargo, percebemos que, em 1997, os profissionais em posições de presidência, diretoria e média gerência (alta liderança) possuíam, sim, maior satisfação com seu trabalho que os profissionais em níveis de supervisão, coordenação e demais colaboradores. O maior *gap* era de 12 pontos percentuais e o menor de 7. De 1997 para 2006, essas lacunas foram diminuindo, ficando o maior entre 9 e o menor entre 5 pontos percentuais. Já em 2021, as distâncias médias de uma forma geral praticamente não existem quando comparamos dados de qualquer estrato com outro.

Por que isso vem acontecendo? Porque a distância entre líderes e colaboradores tem ficado cada vez mais curta. Não se trata apenas da diminuição de níveis hierárquicos (sim, isso também está acontecendo entre as melhores empresas para trabalhar), mas de aproximar cada vez mais os colaboradores da estratégia da empresa e de integrá-los ao propósito da organização. Isso tem impactado a forma como a gestão de pessoas vem sendo praticada nas organizações: menos silos de poder, mais comunicação, mais transparência e mais abrangência nas práticas. Como reforçamos em nossa missão: uma boa empresa para trabalhar deve ser boa para TODOS! Ao longo do tempo, analisando especialmente as práticas culturais das empresas que fazem parte do nosso estudo, podemos observar o esforço para que elas remem na direção do futuro. Se no passado a diferença entre um grupo e outro era aceitável (quem nunca conheceu uma empresa com dois restaurantes, o da ala executiva e o do restante do pessoal?) hoje essa discrepância tem diminuído. Não acabou, é bem verdade, e por isso temos um trabalho em construção, mas conseguimos perceber quantas barreiras vêm sendo derrubadas nas organizações para aproximar cada vez mais as equipes e incluir cada vez mais pessoas.

TEMPO DE SERVIÇO (CASA)

Quem aí já ganhou um pin de prata ou de ouro pelos seus dez, quinze ou vinte anos de casa? Reconhecer seus funcionários pelos anos de dedicação ao trabalho sempre foi uma marca registrada das melhores empresas para trabalhar, mas essa ação tem diminuído. E o motivo não é ingratidão, mas é que está cada vez mais difícil as pessoas ficarem uma década na mesma organização. Ao contrário do que muitos podem dizer, isso não é um problema, apenas uma resposta ao movimento da sociedade atual. Diferentemente do passado, as carreiras hoje estão mais longas e plurais e as subidas mais acentuadas. Eu não necessariamente irei construir uma carreira única numa única organização – algo que era bastante comum e até esperado para os profissionais que ingressaram no mercado de trabalho nas décadas de 1980 e 1990. Hoje, as pessoas mudam não apenas de empresas, mas de atividades e de *status* profissional. O vínculo empregatício não tem a mesma força hoje que tinha em 1997, e muitos profissionais optam por estabelecer novas (e mais curtas) relações com seus empregos. Como consequência, temos um tempo de permanência menor nas empresas de uma forma geral e também nas melhores empresas para trabalhar.

TEMPO DE CASA	1997	2006	2021
	%	%	%
Menos de 2 anos	5	30	34
De 2 a 5 anos	35	28	27
De 6 a 10 anos	22	19	19
De 11 a 15 anos		9	11
De 16 a 20 anos	39	7	4
Mais de 20 anos		7	5

Motivo de permanência

Qual a principal motivação, ambição ou razão para que você levante todos os dias e se conecte ao seu trabalho, seja ele presencial, híbrido ou remoto? Num passado um pouco mais distante, essa pergunta poderia nem fazer sentido. O próprio Robert Levering não tinha lá uma visão muito romântica do trabalho nos anos 1970 e 1980. Lembrem-se de que ele sugeriu escrever um livro sobre os *piores* lugares para trabalhar. Isso porque a nossa relação com o trabalho foi durante muito tempo pautada numa relação de sobrevivência. Trabalhávamos basicamente para pagar boletos. E ponto. Parecia tão óbvia essa explicação que em 1997 não fazíamos essa pergunta para os funcionários. Estava meio que implícito que trabalhar era um mal (ou bem) necessário. À medida que nossa relação com o trabalho muda – e temos orgulho de dizer quão importante foi nossa pesquisa nessa mudança de percepção sobre o trabalho –, começamos a colher novos argumentos e motivos de permanência no emprego. Foi em 2006 que essa pergunta entrou definitivamente para nossa pesquisa e foi evoluindo à medida que as relações organizacionais foram se transformando – e os profissionais passassem a enxergar seu trabalho como algo maior, algo além do lugar que vai garantir seu pão. Em 2011, 5 anos apenas após a entrada dessa pergunta em nossa pesquisa, incluímos um novo estrato neste campo: o alinhamento entre os valores pessoais e organizacionais. Por esse motivo, o gráfico ao lado mostra a comparabilidade entre 2006 e 2021 quando possível. De toda forma, conseguimos, a partir dessa comparação, verificar uma mudança no sentido do trabalho. As pessoas buscam, de uma forma geral, mais oportunidade de crescimento, qualidade de vida e alinhamento com seus valores do que uma boa remuneração e estabilidade no emprego. O trabalho se torna algo maior do que apenas um meio de pagar boletos.

MOTIVOS DE PERMANÊNCIA *O que faz você ficar na sua empresa?*	2006 %	2021 %
O fato de ela me proporcionar equilíbrio entre minha vida pessoal e profissional	32	21
A remuneração e os benefícios oferecidos pela empresa	16	12
O fato de saber que só serei demitido em último caso	4	2
A oportunidade que tenho de crescer e me desenvolver	48	42
O alinhamento dos meus valores com os valores da empresa	ND	15
Não identificado	ND	8

ND = Dados não disponíveis

PRINCIPAIS CONCLUSÕES

- Em 25 anos, as características que fazem uma empresa ser ótima para trabalhar mudam mais para corresponder às novas expectativas dos profissionais e menos em termos de estrutura, poder aquisitivo, localização geográfica ou setor.

Essas variantes, como observamos no início deste capítulo, não influenciam no ambiente de trabalho. Mas a forma como as empresas vêm criando respostas para incluir mais as pessoas e envolver mais os funcionários na estratégia do negócio, sim. Assim como o seu olhar para o que engaja o profissional hoje.

- Se no passado conseguíamos observar uma diferença entre a avaliação dos líderes e liderados sobre o ambiente de trabalho, hoje essa lacuna quase não existe mais, revelando que a distância entre líderes e colaboradores tem ficado cada vez mais curta e que os funcionários se sentem mais incluídos na estratégia (e na vida) da empresa.
- As pessoas têm ficado menos tempo nas organizações. Portanto, planos de carreira vitalícios podem não fazer mais sentido numa sociedade mais ágil, flexível e dinâmica que procura mais experiências e menos compromissos. O que vai ajudar as empresas a entenderem esses novos mecanismos de atração, permanência e engajamento e, assim, poderem criar novas políticas e práticas condizentes com a realidade é o olhar atento e a escuta ativa. Ou seja, isso não muda. E aqui estamos novamente falando de relação de confiança. Eu conto para você o que

quero, o que está bom e o que precisa melhorar apenas se eu confiar em você.

- Ao estabelecer esse vínculo, esse grupo de empresas vem, ao longo do tempo, construindo e reconstruindo excelentes lugares para trabalhar, atendendo às diferentes e novas demandas e expectativas dos profissionais.

[

CAPÍTULO 4
Muito além do contracheque

A percepção do profissional sobre sua remuneração e como as Melhores vêm incrementando seu pacote de benefícios ao longo do tempo.

[...] Não é a presença ou a ausência de políticas específicas, contudo, que determina se a empresa é um bom local de trabalho. É o que as políticas dizem sobre a natureza dos relacionamentos do local de trabalho. [...] Os excelentes lugares para se trabalhar [...] possuem políticas e práticas que consistentemente aumentam a confiança nos relacionamentos do ambiente de trabalho (p. 220).*

---

* LEVERING, R. *Um Excelente Lugar para se Trabalhar*. Rio de Janeiro: Qualitymark, 1997.

O CONCEITO DESCRITO POR ROBERT LEVERING explica como a remuneração deve ser avaliada. Não se trata do valor em si, da quantidade que se recebe, mas da forma como a recompensa se manifesta. O reconhecimento pela dedicação, pelo comprometimento e pelo esforço extra deve demonstrar a importância de cada funcionário para o sucesso do negócio. Quando o funcionário percebe que o seu trabalho é especial e não somente um emprego, a relação muda de patamar – sai de uma troca mercantilista para um relacionamento com propósito. A afirmativa ao lado tem o objetivo de descobrir esse nível de relação. Quanto mais o colaborador percebe que seu trabalho é importante para o resultado do negócio, maior seu engajamento e satisfação. Percebemos, pela nossa série histórica, que os funcionários das melhores empresas para trabalhar vêm se sentindo cada vez mais próximos da estratégia, mais incluídos e, portanto, têm a percepção de que seu trabalho faz realmente a diferença.

Afirmativa	Média (em %)			
	1997 [1]	2006	2021 [2]	Δ (em pontos percentuais) ([2] − [1])
Sinto que eu faço a diferença aqui	74	83	90	+16

O gráfico na página seguinte já foi exibido no capítulo anterior, mas vale trazê-lo novamente para mostrar quanto a remuneração impacta a decisão do colaborador sobre ficar ou não em seu emprego. Em 2006, o terceiro principal motivo de permanência das pessoas nas Melhores era o pacote de remuneração (16% dos respondentes optaram por esse fator). Já quando se incluiu um novo motivo (alinhamento entre valores pessoais e organizacionais), salário e benefícios passaram a ser o quarto motivo. Ou seja, os indivíduos atualmente valorizam mais o propósito e mais ainda a qualidade de vida, e podemos dizer que a pandemia acentuou essas escolhas. Após dois anos experimentando novas formas de trabalhar, estamos assistindo a uma grande movimentação de pessoas no mercado de trabalho. Elas não estão apenas pedindo demissão. Elas estão escolhendo lugares que forneçam condições melhores de trabalho, especialmente flexibilidade, confiança e respeito. Elas estão procurando locais que aceitem mais as diferenças e permitam mais escolhas. E, por fim, buscam lugares que façam sentido com seu momento de vida. A nossa pesquisa já vinha observando esse movimento havia algum tempo dentre os colaboradores das melhores empesas para trabalhar no país.

Principal motivo que me faz permanecer na empresa (em frequência de escolha)

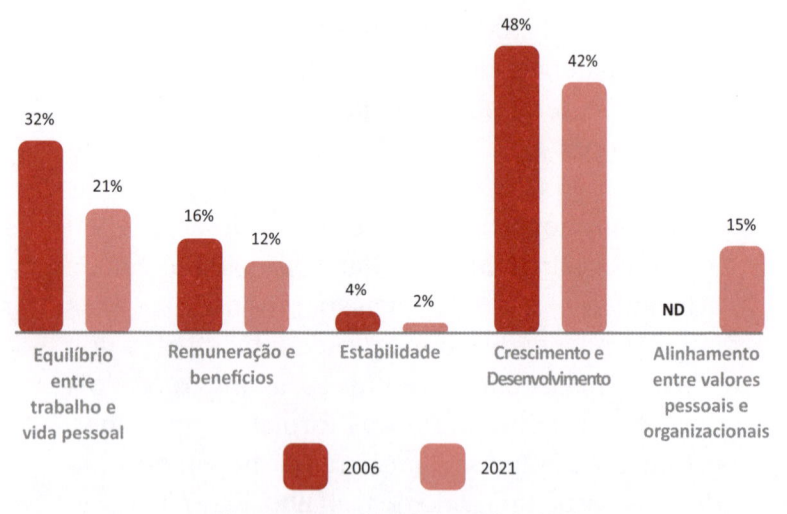

Motivo	2006	2021
Equilíbrio entre trabalho e vida pessoal	32%	21%
Remuneração e benefícios	16%	12%
Estabilidade	4%	2%
Crescimento e Desenvolvimento	48%	42%
Alinhamento entre valores pessoais e organizacionais	ND	15%

ND = Dados não disponíveis na Edição 2006

Isso não quer dizer que remuneração seja um fator marginal, mas que os funcionários sabem que as Melhores possuem critérios para tornar a remuneração justa e, portanto, valorizam o que é mais importante: crescimento e desenvolvimento, qualidade de vida e propósito. É interessante notar também a diferença que existe entre funcionários que atribuem à remuneração ou à estabilidade o seu principal motivo de permanência na empresa e os que atribuem ao crescimento ou alinhamento de valores. Os da primeira turma revelam um índice de confiança (engajamento) menor com a organização. Já os da segunda, um nível bem maior – como vocês podem observar no gráfico seguinte. Isso significa que quem trabalha com o objetivo de aprendizado e crescimento e está alinhado aos valores organizacionais nutre uma relação com o trabalho melhor do que aqueles que ainda enxergam o emprego como um "mal necessário" ou apenas um meio de sobrevivência.

Motivo de permanência *versus* satisfação com o clima (em %)

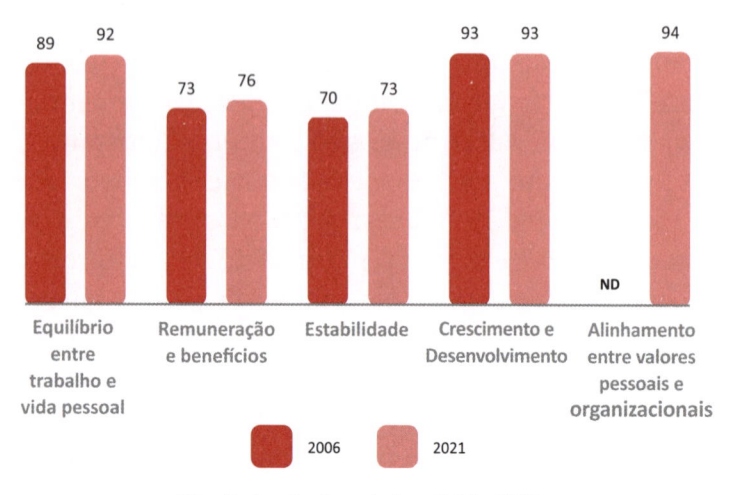

	Equilíbrio entre trabalho e vida pessoal	Remuneração e benefícios	Estabilidade	Crescimento e Desenvolvimento	Alinhamento entre valores pessoais e organizacionais
2006	89	73	70	93	ND
2021	92	76	73	93	94

ND = Dados não disponíveis na Edição 2006

REMUNERAÇÃO TOTAL

Para começo de conversa, leia o que Robert Levering escreveu sobre o que os funcionários das Melhores buscam, quando se trata do tema remuneração:

> No nível mais elementar, os bons locais de trabalho estão preocupados em manter o objetivo da empresa em relação à troca de tempo por dinheiro, estabelecendo uma remuneração em termos de salário e benefícios que seja considerada justa e imparcial. [...] O que é importante é que a empresa seja justa e esteja fazendo uma tentativa honesta para pagar tanto quanto a empresa possa sustentar. É por isso que é difícil para os empregados sentirem que o seu local de trabalho é bom para se trabalhar, a menos que a empresa pague, no mínimo, o comparável a empresas no mesmo setor ou porte do país (p. 221).**

Os temas relacionados às componentes fixa (mais benefícios) e variável da remuneração são controversos para qualquer pessoa que se proponha a debatê-los sob o seguinte aspecto: qual a importância delas na satisfação dos funcionários? Antes de responder à questão, vamos a alguns dados... Embora as afirmativas que tratam desses fatores sejam as menores nas pesquisas das Melhores Empresas para Trabalhar, em 2021 mais de ¾ dos respondentes se disseram satisfeitos com esses aspectos – a média para a afirmativa que trata de benefícios evoluiu 9 pontos percentuais de 1997 para 2021; a afirmativa

---

** LEVERING, R. *Um Excelente Lugar para se Trabalhar*. Rio de Janeiro: Qualitymark, 1997.

de ser pago adequadamente pelo serviço que se faz cresceu 15 pontos percentuais; e aquela que trata de a participação nos resultados ser justa cresceu 13 pontos percentuais de 2006 para 2021.

Afirmativa	Média (em %)			
	1997 [1]	2006	2021 [2]	Δ (em pontos percentuais) ([2] – [1])
Temos benefícios especiais e diferenciados aqui	79	82	88	+9
As pessoas aqui são pagas adequadamente pelo serviço que fazem	64	67	79	+15
Acredito que a quantia que recebo como participação nos resultados da organização é justa	ND	63	76	ND

ND = Dados não disponíveis na Edição 1997
Afirmativa incluída em 2000

OK, mas o valor absoluto da remuneração impacta o nível de satisfação dos colaboradores?

Vamos aos fatos...

O gráfico da página 90 demonstra três grupos de empresas entre as Melhores (Edições 2006 e 2021, pois em 1997 não havia dados disponíveis):

- um grupo que pratica a remuneração total (salário direto + benefícios + salário variável representado exclusivamente pelos valores pagos por meio da PLR – Participação nos Lucros e Resultados, prática preconizada por dispositivo legal em nosso país) **abaixo** da remuneração total da média das Melhores;
- outro grupo que pratica a remuneração total (salário direto + benefícios + salário variável representado exclusivamente pelos valores pagos por meio da PLR) **dentro** da média das Melhores;
- outro que possui seu pacote de remuneração total **acima** daquela média das 100 Melhores.

Para cada um dos agrupamentos temos a média geral de satisfação para as seguintes afirmativas: 1) "As pessoas aqui são pagas adequadamente pelo serviço que fazem"; 2) "Acredito que a quantia que recebo como participação nos resultados da organização é justa" e 3) "Temos benefícios especiais e diferenciados aqui". Todas essas afirmativas medem a percepção sobre remuneração total ou *total cash*. É importante ressaltar que todos os grupos são totalmente heterogêneos em sua composição, quer seja por segmento de atuação, quer seja por tamanho ou origem de capital (nacional ou multinacional). Tampouco o pacote de benefícios é equivalente, bem como a PLR – nesse caso, em especial, nem sempre as empresas possuem controle total sobre a prática e valores a serem adotados.

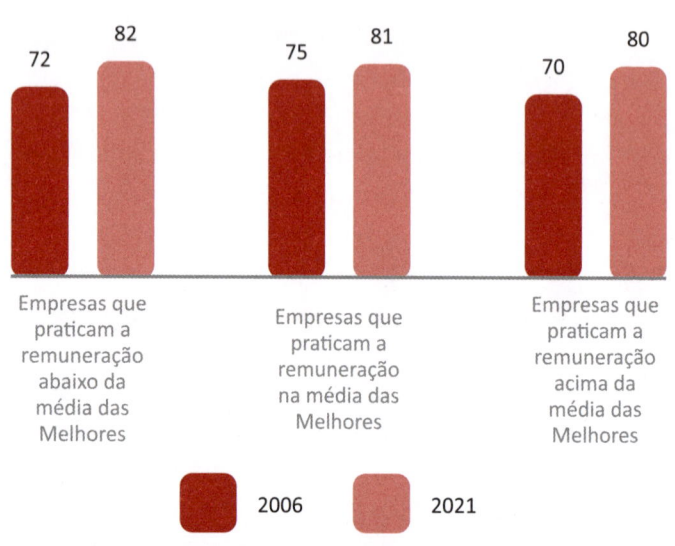

Remuneração *versus* satisfação com o clima organizacional (em %)

	2006	2021
Empresas que praticam a remuneração abaixo da média das Melhores	72	82
Empresas que praticam a remuneração na média das Melhores	75	81
Empresas que praticam a remuneração acima da média das Melhores	70	80

Média aritmética simples para as afirmativas "Temos benefícios especiais e diferenciados aqui" (Respeito), "As pessoas aqui são pagas adequadamente pelo serviço que fazem" e "Acredito que a quantia que recebo como participação nos resultados da organização é justa" (Imparcialidade).

Conforme podemos observar pelos gráficos, a resposta é não. Não há uma relação direta entre a remuneração total e a satisfação dos colaboradores. Ah, isso é na média geral, mas e se eu separar o nível de satisfação pela remuneração pelo cargo do profissional? A percepção não será diferente? A resposta é mais uma vez não. Ao contrário. A satisfação com a remuneração total (fixo + variável + benefícios) alcançou ainda mais homogeneidade entre os estratos da variável Tipo de Cargo, conforme vocês podem observar no gráfico abaixo.

Satisfação com remuneração por Tipo de Cargo GPTW® (em %)

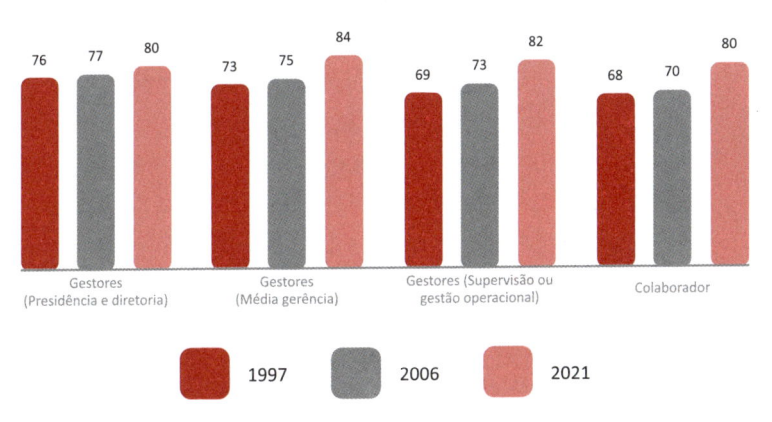

Tipo de Cargo	1997	2006	2021
Gestores (Presidência e diretoria)	76	77	80
Gestores (Média gerência)	73	75	84
Gestores (Supervisão ou gestão operacional)	69	73	82
Colaborador	68	70	80

Média aritmética simples para as afirmativas "Temos benefícios especiais e diferenciados aqui" (Respeito) e "As pessoas aqui são pagas adequadamente pelo serviço que fazem" e "Acredito que a quantia que recebo como participação nos resultados da organização é justa" (Imparcialidade).

Ok, se o valor absoluto da remuneração não impacta a satisfação, o que, então, de fato impacta?

O salário mensal é a parte mais fácil de assimilar quando falamos de remuneração, afinal algumas pessoas puderam aceitá-lo ou negociá-lo no processo de contratação. Em ambas as situações, eles foram conhecidos desde o início do relacionamento e só se alteram por circunstâncias conhecidas por todos: mérito salarial, reajuste por força de convenção, dissídio coletivo, promoções, realinhamento de faixa ocasionado por pesquisa salarial etc. Regras e valores aqui são claros e objetivos. O que vai impactar a satisfação, portanto, não é a parte transparente do processo, mas as nuances que envolvem a percepção de justiça em relação ao trabalho – e que podem variar de acordo com o momento da empresa, o tipo de trabalho, a equipe e a própria liderança. Aqui conseguimos verificar três fatores que impactam diretamente nessa avaliação.

1. Volume de trabalho maior do que no passado

Algumas empresas estão com seu quadro de funcionários mais enxuto, acentuando a sensação de que o volume de trabalho é maior do que no passado. Se o volume de trabalho atingiu todos de uma maneira quase linear, não há muito que se fazer, pois a solução não é de curto prazo. Vai ser necessário criar alternativas e respiros que podem durar mais tempo e exigir uma nova adaptação de todos. Porém, se o aumento de volume de trabalho atingiu somente algumas pessoas ou áreas, o impacto da remuneração aqui será negativo. A sensação é de trabalhar mais que os outros e ganhar o mesmo ou até menos por isso. Para combater essa distorção, há soluções práticas que envolvem redimensionamento de quadros, reavaliação das complexidades e responsabilidades dos cargos e/ou funções e realização de pesquisa para realinhamento salarial.

2. Falta de revisão periódica no Plano de Cargos & Salários com foco na complexidade de atividades e responsabilidades dos cargos e funções

A estruturação dos cargos em funções com graus diferentes de senioridade (por exemplo, Analista Jr., Pleno e Sênior) não garante que as pessoas irão executar exatamente o que está descrito no escopo de suas funções, especialmente se a empresa passou por quaisquer das situações relatadas no item anterior. Quando há aumento de volume de trabalho, cada funcionário terá de fazer mais do que antes e, nesse momento, ser Júnior, Pleno ou Sênior passa a não fazer diferença, pois as pessoas se ajudam para atingir as metas e os resultados, e as funções executadas por cada um tornam-se muito próximas às de outros. Nesses casos, os salários praticados são diferentes, mas a complexidade do trabalho realizado por cada nível de senioridade está próxima ou exatamente no mesmo patamar, criando a sensação de salários diferentes para atividades idênticas. Essa situação em que as pessoas começam a comparar o "meu salário com o seu" e observar tratamentos diferentes para situações idênticas é um problema crucial nas organizações, gerando a percepção de parcialidade no tratamento das pessoas dentro do ambiente de trabalho.

A solução, então, é realizar a revisão periódica da complexidade de atividades e das responsabilidades dos cargos e funções que compõem o Plano de Cargos & Salários, avaliar e pontuar para se ter uma descrição de cargos confiável para pesquisas salariais, para evitar viés na comparação salarial com o mercado selecionado (equidade externa) e garantir também que funções idênticas tenham salários idênticos.

3. Desconhecimento das práticas e políticas que compõem o sistema de Remuneração adotado pela empresa

Outro aspecto que causa impacto negativo na satisfação das pessoas é que elas não conhecem como são conduzidos os processos ligados à gestão salarial nas empresas.

A ausência de uma divulgação mais ampla dos critérios gera o sentimento entre as pessoas de que não há critérios para a gestão desse processo ou cria a percepção de que os assuntos ligados a essa área são confidenciais e acessíveis somente a alguns dentro da organização. Em situações como essa, em que as regras não são divulgadas claramente ou de maneira abrangente, surgem dúvidas e diversas sensações, tais como *Minha empresa se compara a outras de menor tamanho, que pagam menos, por isso que nosso salário é tão baixo!; Dizem que somos os melhores do mercado, mas nosso posicionamento salarial é pagar na média da indústria.; Estou ou não alinhado à faixa salarial?; Por que algumas pessoas estão a 80% da faixa e outras nas mesmas condições e nível de competência estão a 100%?, Por que aquelas organizações dizem que pagam no 3º quartil e a nossa na mediana?* etc.

É preciso que os critérios que estabelecem salários para os diferentes papéis funcionais e diferentes indivíduos estejam claros para todos e sejam transmitidos pelo principal gestor de pessoas na organização: o líder. Acreditar que há regras, entendê-las e perceber que são aplicadas de maneira equitativa é o diferencial em relação às práticas de remuneração fixa e variável, muito mais que os valores absolutos propriamente ditos.

A mensagem é clara: as regras não têm como objetivo deixar as pessoas felizes, mas sim fazer com que se sintam tratadas justamente.

BENEFÍCIOS

Um dos diferenciais das melhores empresas para trabalhar sempre foi o seu cardápio de benefícios. Atentas às necessidades de suas pessoas, essas organizações sempre se mostraram preocupadas em fazer pesquisas e avaliar as ofertas do mercado para se tornarem mais atraentes e interessantes aos seus talentos. Observamos, em 25 anos, que a satisfação dos funcionários com os benefícios oferecidos pelas Melhores evoluiu 9 pontos percentuais (como se observa no gráfico abaixo), revelando que o esforço das organizações têm valido a pena.

Satisfação com benefícios por Tipo de Cargo GPTW® (em %)

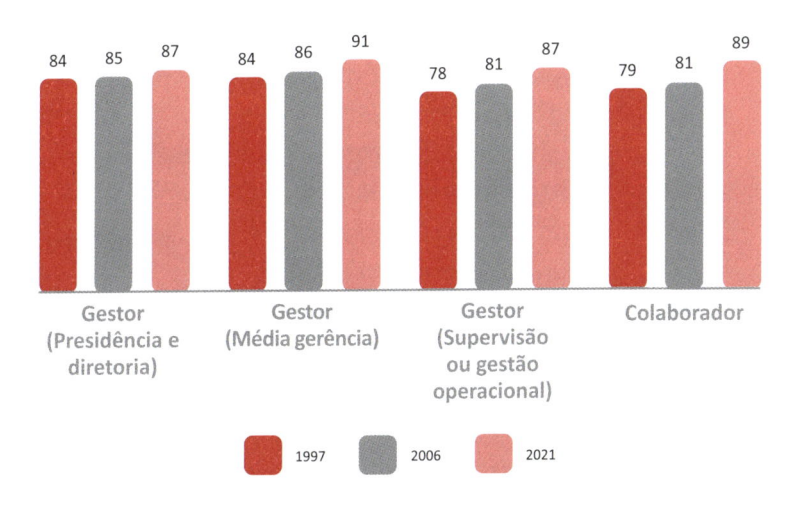

Gestor (Presidência e diretoria)	Gestor (Média gerência)	Gestor (Supervisão ou gestão operacional)	Colaborador
84 / 85 / 87	84 / 86 / 91	78 / 81 / 87	79 / 81 / 89

■ 1997 ■ 2006 ■ 2021

Se observarmos as médias da afirmativa "Temos benefícios especiais e diferenciados aqui", estratificadas pela variável demográfica Tipo de Cargo GPTW®, verificaremos que, exceto o grupo de Gestor (Presidência/diretoria), os demais evoluíram de maneira significativa desde a primeira edição da pesquisa (≥ 7 pontos percentuais). Uma explicação é que o primeiro nível de gestão já possuía uma satisfação alta com os benefícios e, ao longo dos anos, o portfólio foi democratizado ou ampliado para os demais níveis hierárquicos. Por exemplo, alguns benefícios que existiam nos primórdios das Melhores apenas para executivos foram sendo extintos ou estendidos para outros níveis funcionais, tais como veículos da empresa, subsídio integral para educação, auxílio educação para filhos, subsídios para contratação de empregados domésticos, entre outros.

E no caso dos demais cargos, o que possibilitou a melhoria do nível de satisfação em relação aos benefícios oferecidos pelas Melhores?

Alguns exemplos são conhecidos:

- apoio parcial ou integral das empresas para educação formal (superior e pós-graduação);
- apoio parcial ou integral para a educação continuada e cursos de idiomas.

Muitas empresas ofereciam no passado somente os benefícios previstos em lei, assim, em comparações salariais, o portfólio deles era um fator que tinha pouca influência perante a satisfação dos funcionários, pois era tratado como uma *commodity*, e não um diferencial. Atualmente, o pacote de benefícios é um dos fatores importantes dentro do conceito de remuneração total praticada pelas empresas e é observado de maneira diferenciada pelos funcionários, chegando até a ser um fator decisivo para se aceitar ou não um emprego.

A EVOLUÇÃO DO PORTFÓLIO DE BENEFÍCIOS DAS EMPRESAS

Abrimos o primeiro capítulo deste livro com o título "O mundo mudou e as Melhores também". Em um mundo mais diverso, ágil, flexível, imprevisível, horizontal e experimental, são requeridos benefícios que façam mais sentido com essa realidade (mais licenças e *day offs*, por exemplo) e que estejam menos atrelados a *status* ou símbolos de poder (carro de luxo, por exemplo).

O quadro abaixo demonstra os focos do portfólio de benefícios das Melhores 2021 e se as mesmas práticas existiam em 1997 e 2006. Pode-se observar que houve um avanço significativo no pacote oferecido para os funcionários.

Foco	Práticas mais comuns utilizadas nas Melhores	% das Melhores 2021 que utilizam as práticas	Práticas existiam em 1997?	Práticas existiam em 2006?
Jornada de trabalho	Licença sabática (não remunerada)	40	Não	Não
	Licença remunerada	37	Não	Não
	Day off	62	Não	Sim
	Horário flexível	91	Não	Sim
	Home Office	96	Não	Sim
	Compensação de horas	91	Não	Sim
Maternidade e parentabilidade	Creches ou berçários para filhos de funcionários no local de trabalho ou nas proximidades	15	Não	Não
	Sala de lactação permanente e dedicada exclusivamente para esse uso	39	Não	Não
	Licença-maternidade	100	Sm	Sim
	Licença-paternidade	100	Sim	Sim
	Famílias homoafetivas têm direito à licença-maternidade/ paternidade	100	Não	Não
	Estabilidade para não demissão de novos pais, além do mínimo exigido por lei	15	Não	Não
Saúde	Plano de saúde é estendido aos dependentes	97	Sim	Sim
	Centro de ginástica ou academia interna	21	Não	Sim
	Reembolso de algum valor em dinheiro para os funcionários frequentarem academias ou realizarem práticas esportivas fora da organização	43	Não	Sim

Foco	Práticas mais comuns utilizadas nas Melhores	% das Melhores 2021 que utilizam as práticas	Práticas existiam em 1997?	Práticas existiam em 2006?
Aposentadoria e aposentados	Previdência privada	59	Não	Sim
	Programas de preparação à aposentadoria	7	Não	Sim
	Programa de aposentadoria compulsória	6	Não	Não
	Plano de saúde para funcionários aposentados	43	Não	Não
	Assistência para cuidados de longo prazo aos funcionários já aposentados (casas de repouso ou cuidadores)	3	Não	Não
União homoafeitva	Os funcionários homossexuais possuem o mesmo tratamento de funcionários heterossexuais (por exemplo, presente de casamento ou outras datas comemorativas, convite para viagens, etc)	100	Não	Não
	Planos de saúde que contemplem casais do mesmo sexo	99	Não	Não
Diversos	Utilizar licença para cuidar de uma criança ou um parente que está doente	77	Não	Não
	Participação em programas de voluntariado dentro do horário de trabalho	87	Não	Sim

BENEFÍCIOS FLEXÍVEIS

Falamos tanto em flexibilidade que não teria como não abordar a adoção de benefícios flexíveis pelas Melhores Empresas para Trabalhar. E aqui vale um resgate histórico sobre o que significava benefício flexível antes e depois da pandemia. Até 2020, havia ainda uma resistência natural das empresas a oferecer uma cesta de benefícios flexíveis para seus funcionários, que consistia em fornecer uma espécie de menu com opções variadas para que cada um, de acordo com seu nível hierárquico ou de remuneração, pudesse escolher. Esse menu geralmente era composto por alguns itens fixos dos quais você não poderia abrir mão e outros variáveis, e cada funcionário poderia gerir sua conta corrente virtual por meio de um aplicativo ou cota mensal. Pela complexidade de administração e, principalmente, pela legislação brasileira, que travava muitas tentativas de flexibilidade, boa parte das Melhores optaram por sofisticar seus pacotes de benefícios, mas sem oferecer opções.

A partir de 2020, porém, começamos a observar um novo movimento no mercado de trabalho, com a adoção de cartões de benefícios que oferecem uma gama maior de possibilidades para o funcionário. Segundo o nosso relatório de Tendências de Gestão de Pessoas de 2022[***], pesquisa elaborada pelo Great Place to Work que traz um diagnóstico do mercado de trabalho e seus principais desafios, realizada anualmente, 47,2% disseram que a política de benefícios sofreu algum tipo de alteração durante a pandemia e 37,6% destes apontaram a inclusão dos benefícios flexíveis como a principal mudança.

Diferentemente da lógica do passado, em que, em alguns casos, até o plano de saúde era colocado dentro da cesta de flexibilidade, o cartão beneflex, operado por várias empresas e bandeiras já no Brasil, permite que o funcionário distribua o valor mensal como melhor determinar dentre as opções oferecidas, normalmente vinculadas a restaurantes, supermercados, livrarias, papelaria, academias de ginástica ou até mesmo combustível. É mais simples, menos burocrático e não causa tantos problemas trabalhistas como a cesta de benefícios flexíveis do passado. Como o processo é recente, porém, não temos dados ainda para registrar o avanço dessa prática dentre as Melhores.

[***] A pesquisa que deu origem ao Relatório Tendências de Gestão de Pessoas de 2022 contou com 2.654 respondentes.

PRINCIPAIS CONCLUSÕES

- Uma boa política de remuneração satisfaz os funcionários, mas a transparência e equidade na aplicação em relação às regras, políticas e práticas adotadas constroem a confiança e mostram aos funcionários que o tema Salários & Benefícios é tratado pela empresa com clareza e respeito, afinal são formas eficientes de reconhecer objetivamente o trabalho e a dedicação das pessoas pelo sucesso dos negócios.
- Há uma relação especial entre as Melhores e seus funcionários que faz com que as pessoas entendam que não precisam se preocupar com as questões de remuneração e benefícios, pois as empresas farão o melhor que puderem por elas. Como já comprovado, a remuneração não impacta o nível de satisfação dos colaboradores em relação ao clima organizacional.
- O portfólio de benefícios atual é mais democrático do que no passado, fazendo com que a satisfação dos diversos níveis hierárquicos se torne mais homogênea. Esse mesmo portfólio vem sofrendo mudanças e ajustes para acompanhar as transformações no mundo do trabalho e atender

às novas necessidades dos profissionais. Muitos dos benefícios oferecidos hoje pelas Melhores Empresas para Trabalhar no Brasil não apareciam na primeira edição da pesquisa; boa parte, nem sequer na lista de 2006.

- A gestão do tema remuneração é uma atribuição do principal responsável por recursos humanos: o líder direto.
- Reconhecer os indivíduos de maneira justa é uma forma de dizer que eles são especiais para o sucesso do negócio.

CAPÍTULO 5
Do jornal de parede às redes sociais corporativas

A transformação dos meios de comunicação nas Melhores e a importância do líder como principal porta-voz.

TODOS OS DESAFIOS VIVIDOS PELAS ORGANIZA- ções nesses últimos 25 anos podem ser superados de forma mais suave (ou menos drástica) quando você tem um elemento que funciona de forma sistemática, frequente e abrangente: a comunicação. Não à toa essa função tem ganhado mais relevância e alçado *status* cada vez mais estratégico nas organizações. O já citado Relatório de Tendências de Gestão de Pessoas do GPTW apontou a Comunicação Interna como o segundo maior desafio das empresas em 2021, perdendo apenas para a adoção de novos modelos de trabalho, além de despontar como a terceira prioridade na agenda de pessoas em 2022, numa lista que oferecia 13 opções. Na pesquisa do ano anterior, que perguntou sobre os maiores desafios que as empresas enfrentaram em 2020, a comunicação ficou em primeiro lugar, com 54% das respostas. E esse tema deve seguir no topo da lista dos grandes desafios e prioridades dos líderes nos próximos anos. Por quê? Porque a comunicação interna é a principal veia da organização. É por meio dela que os líderes transmitem a cultura, os valores e o propósito da empresa, as estratégias de negócio e as atitudes e comportamento esperados de seus times. E, se no mundo 100% presencial e físico ter uma comunicação eficiente, assertiva e poderosa já era um desafio enorme, imagine num mundo híbrido, flexível e remoto?

Sem a adoção de canais e ferramentas adequados e, principalmente, de uma estratégia bem-definida de comunicação, a empresa corre o sério – seríssimo – risco de se transformar numa

Torre de Babel, onde ninguém consegue entender o outro, atitude fundamental para que as pessoas assimilem a estratégia, as práticas funcionem e os negócios prosperem. Isso porque a comunicação não é um processo unilateral. A premissa básica é que existe um emissor e um receptor, e quanto mais eficiente e clara é a comunicação, mais envolvido se sente o receptor e mais alinhado ele fica ao emissor. Adicionalmente, os papéis se invertem e segue adiante o processo de diálogo, ou seja, a comunicação possui um canal de duas vias.

A confiabilidade da comunicação auxilia na construção do relacionamento entre as pessoas, quer seja para aquela que a emitiu, quer seja para a outra que a recebeu. Os obstáculos a um relacionamento de confiança e respeito podem surgir a partir de vários fatores; porém, qualquer que seja sua fonte, as atividades de relacionamento com os funcionários procuram estabelecer um canal bilateral de comunicação para proporcionar atendimento e envolvimento mútuos na superação dos problemas.

As organizações estão estruturadas em práticas e políticas registradas para conhecimento de todos, líderes e liderados. A criação de ferramentas de comunicação institucional tornou-se necessária, pois o processo de informação deve ser abrangente e homogêneo, dentro do possível, para alcançar todos os funcionários. Os objetivos de tornar a comunicação mais ampla são claros: conhecer as regras e aplicá-las, estar alinhado aos objetivos e metas de negócio e ter acesso a todos os acontecimentos que compõem o dia a dia da organização, além de outros aspectos de igual relevância.

Descrito o canal de comunicação em duas vias, surge uma dúvida: e a comunicação institucional? Bem, a comunicação institucional é um canal informativo de uma via importante, sem dúvida, mas que não permite construir relacionamentos, pois trata-se de uma ferramenta com caráter unilateral.

O Modelo GPTW©®, já descrito no segundo capítulo, é composto por 5 dimensões: Credibilidade, Respeito, Imparcialidade, Orgulho e Camaradagem. A primeira dimensão é composta por 3 subdimensões: comunicação de duas vias, competência na condução de pessoas e negócios e integridade e consistência na condução da visão. Nessas 3 subdimensões temos 4 afirmativas que tratam do processo de comunicação de duas vias e uma outra que aborda a comunicação com foco no futuro dos negócios. Na tabela ao lado, você pode conhecer essas cinco afirmativas e verificar a evolução do diálogo e uma maior democratização das informações na percepção dos funcionários ao longo do tempo.

Afirmativas	Média (em %)			
	1997 [1]	2006	2021 [2]	Δ (em pontos percentuais) ([2] − [1])
Os gestores me mantêm informado sobre assuntos importantes e sobre mudanças na organização	76	76	88	+ 12
Os gestores deixam claras suas expectativas	79	79	88	+ 9
Posso fazer qualquer pergunta razoável aos gestores e obter respostas diretas	80	81	90	+ 10
É fácil se aproximar dos gestores e é também fácil falar com eles	86	87	91	+ 5
Os gestores têm uma visão clara de para onde estamos indo e como fazer para chegar lá	85	80	89	+ 4

A COMUNICAÇÃO E A LIDERANÇA

Ao avaliar nossa série histórica relacionada aos itens que envolvem o tema comunicação, podemos afirmar que os líderes mantêm seus funcionários mais informados sobre os fatos relevantes e as mudanças que ocorrem no momento presente das organizações e orientam todos sobre o futuro dos negócios. Também é possível notar que as expectativas sobre os resultados a serem entregues são mais claras em 2021 do que eram em 1997, assim as pessoas estão mais alinhadas e propensas a colaborar para o atendimento dos objetivos e metas organizacionais. Vale mencionar que as expectativas são o ponto de partida de um processo de gestão de desempenho.

Ao olhar para os estudos que compõem as listas das Melhores Empresas para Trabalhar no Brasil, fica evidente que a liderança de hoje é mais acessível que a do passado e, portanto, a possibilidade dos indivíduos de esclarecer dúvidas e ter orientações adequadas é maior. Se uma boa empresa para trabalhar na primeira década da pesquisa era aquela que mantinha a famosa "política de portas abertas", hoje percebemos que essas empresas são as que já derrubaram suas portas, permitindo não apenas que o funcionário entre quando quiser, mas, principalmente, convidando-o a dar sua opinião. Ao derrubar barreiras físicas e também hierárquicas, os líderes sinalizam que estão dispostos a ouvir e a serem questionados sobre quaisquer dúvidas, sejam elas práticas, como prazos e regras, ou mais conceituais, que envolvam orientação sobre desenvolvimento profissional, por exemplo.

Percebemos ao longo do tempo que essa prática ganhou força nas empresas pela necessidade de construir relações de confiança. À medida que nossa metodologia foi se popularizando e demonstrando que melhores ambientes de trabalho impactam o engajamento, a produtividade, menor *turnover* etc., muitos líderes passaram a adotar novas posturas em relação aos seus times, fomentando mais diálogos e trocas entre as equipes, orientando mais, dando mais *feedbacks* e envolvendo mais os colaboradores na estratégia da empresa. Podemos dizer que os líderes aprenderam a se comunicar melhor e, quanto mais colhiam benefícios dessa prática (credibilidade é um dos exemplos mais evidente), mais enxergavam a comunicação como uma ferramenta preciosa, que não exige investimento, apenas tempo e disposição para utilizá-la. O líder, dessa forma, passa a ser o principal porta-voz e mensageiro da equipe.

O gráfico abaixo trata somente da subdimensão comunicação de duas vias e demonstra que todas as organizações com médias superiores à das Melhores das Edições 1997, 2006 e 2021 possuem um forte canal de Comunicação de duas vias entre líderes e liderados. Por exemplo, se analisarmos a primeira edição da pesquisa, notaremos que a diferença entre as organizações que possuem médias superiores às Melhores daquele ano é de 13 pontos percentuais em relação àquelas que possuem as médias abaixo das Melhores de 1997 e assim por diante.

Comunicação de duas vias *versus* satisfação com o clima organizacional (em %)

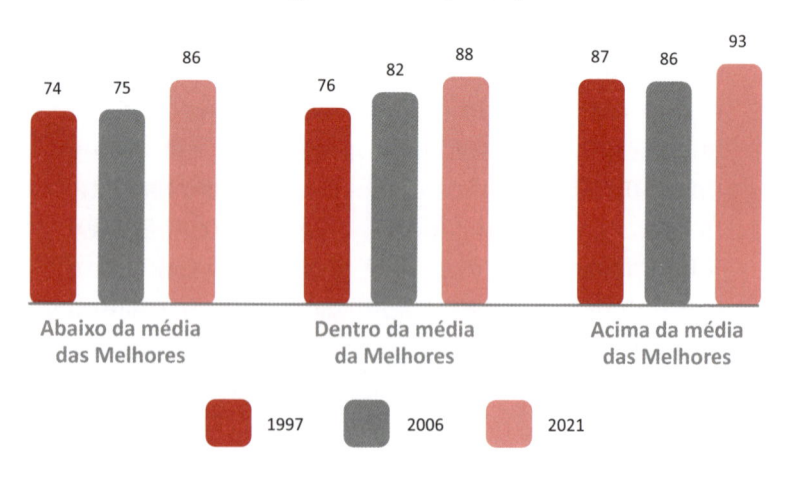

	1997	2006	2021
Abaixo da média das Melhores	74	75	86
Dentro da média da Melhores	76	82	88
Acima da média das Melhores	87	86	93

A COMUNICAÇÃO INSTITUCIONAL NAS MELHORES EM 25 ANOS

Imagine um mundo sem *smartphone*? Sem Google? Sem redes sociais? E com aquela internet meio pré-histórica? Esse era o mundo em 1997, ano da primeira pesquisa do Great Place to Work. Nem preciso dizer que 100% dos questionários foram respondidos em papel, enviados pelo correio, carimbados etc., assim como os cadernos de evidência produzidos pelas empresas, que lotavam nosso pequeno escritório com seus relatórios impressos e outros documentos: 100% físico; 0% sustentável.

A gestão de pessoas no final da década de 1990 e ainda no início dos anos 2000 era muito mais artesanal, o que envolvia mais processos, burocracia e, claro, lentidão. Mas, como já dissemos aqui inúmeras vezes, o mundo mudou – e mudou rapidamente. A base de usuários de *smartphones*, por exemplo, cresceu drasticamente de 30 mil em 1994 para 1 bilhão em 2012 e 3,85 bilhões em 2021, segundo uma pesquisa da Strategy Analytics.[1] "Com uma estimativa de 7,9 bilhões de pessoas no planeta em junho de 2021, isso significa que 50%

de todo o mundo possui *smartphones*", afirmou Yiwen Wu, analista sênior da Strategy Analytics.

O que esse dado significa na análise histórica da comunicação corporativa? Tudo! Se antes recebíamos mensagens por cartas, memorandos e reuniões presenciais e sigilosas, hoje a comunicação pode estar toda concentrada numa única tela, a do nosso *smartphone*! Em 1997, por exemplo, as organizações utilizavam os quadros de avisos ou murais em locais estratégicos para disseminar informações, além de publicarem jornais e revistas institucionais. Uma parte da empresa (geralmente a liderança e nível administrativo) tinha acesso a e-mails e, normalmente, a comunicação institucional era administrada via canais físicos, como os já mencionados memorandos, circulares, entre outras formas. Muitas empresas empregavam mensageiros, cuja função era circular com malotes dentro das instalações, e a troca de documentos entre as diversas subsidiárias das organizações era realizadas pelos Correios ou qualque outro serviço de *courier*. A informação era também bem menos democrática. Cabia à liderança receber as principais mensagens institucionais e cascatear, conforme orientações e, se necessário, para suas equipes.

Cinco anos após a primeira pesquisa, incluímos em nosso Culture Audit© (inventário de políticas e práticas de gestão de pessoas) e em nosso Perfil Demográfico campos para obter informações sobre a inclusão digital nas Melhores. Em 2002, 48% dos funcionários tinham acesso à Intranet (ver descrição no quadro abaixo); e em 2006, 73%. Com uma internet já difusa e a tecnologia impulsionando novas plataformas de comunicação, o panorama muda. Novas ferramentas, ano a ano, começam a ganhar espaço e adeptos dentro das Melhores Empessas para Trabalhar, permitindo um acesso cada vez mais rápido das informações, embora nem sempre fácil.

Ferramentas mais utilizadas para a Comunicação informativa de via única (Edição 2006)
Banners, *folders*, faixas, *backdoors*, *outdoors* etc. (meios físico e eletrônico)
Intranet (portal corporativo com informações acerca da empresa, desde dados financeiros, contábeis, histórico, missão e valores, políticas e procedimentos, dados relativos a RH, fatos relevantes, links para falar com RH e presidente, provedor de gestão do conhecimento etc.)
Jornais e revistas institucionais eletrônicas (*house organ*)
Newsletters eletrônicas
Outras tecnologias (*podcast, broadcast, conference call, video conference, screen savers*, rádio interna ou sistema interno de som, canal corporativo de TV etc.)

Se entre 1997 e 2006 a tecnologia permitiu uma maior inclusão e democratização da informação, entre 2006 e 2021 vivemos uma transformação nos canais de comunicação. O papel – ainda bastante utilizado em 2006 (por meio de revistas, murais e banners) – praticamente deixa de existir. As mensagens são passadas de forma eletrônica e, sim, os *smartphones* são os canais mais utilizados para acessar essas informações – sejam elas enviadas ainda pelos e-mails, pelos grupos de WhatsApp das empresas e por suas redes sociais corporativas.

Ferramentas mais utilizadas para a comunicação informativa de via única (Edição 2021)
Aplicativos *mobiles* corporativos, tais como WhatsApp, Telegram, entre outros
Blogs
Mural digital
Redes sociais e rede social corporativa (*Workplace*)
Jornais e revistas institucionais eletrônicas (*house organ*)
Newsletters eletrônicas
Outras tecnologias (*podcast, broadcast, conference call, video conference, screen savers*, rádio interna ou sistema interno de som, canal corporativo de TV etc.)

A COMUNICAÇÃO INTERPESSOAL (CANAL DE DUAS VIAS)

Bem, notamos que houve uma evolução brutal dos canais informativos em razão da transformação digital ocorrida nas últimas décadas. E quando pensamos na comunicação de duas vias, qual é a evolução percebida desde 1997?

Quase nenhuma. As modalidades, como regra, permanecem as mesmas, muda somente a forma – a presencial agora é realizada também remotamente. Além disso, pode-se afirmar, em razão do crescimento da subdimensão Comunicação de duas vias e da afirmativa "Os gestores têm uma visão clara de para onde estamos indo e como fazer para chegar lá" (subdimensão integridade e consistência na condução da visão), que a liderança se apropriou mais desses modelos.

Principais modalidades para a Comunicação de duas vias
Reuniões (pontuais ou periódicas) lideradas pelos principais executivos com grupos ou a totalidade dos funcionários para abordar metas e performance do negócio e outros assuntos relevantes. Em alguns casos há um processo de cascateamento posterior para todas as áreas funcionais
Encontro com o presidente (almoço, café, *brunch* etc.)
Reuniões diárias com a liderança no início do expediente
Encontro com outros líderes da alta administração (almoço, café, *brunch* etc.)

A COMUNICAÇÃO CORPORATIVA PÓS-PANDEMIA

Desde 2020 foi visível o aumento das novas alternativas de trabalho, como o *home office* e o modelo híbrido. Novos recursos passaram a ser incorporados ao dia a dia das pessoas, principalmente as reuniões realizadas remotamente, muitas delas encavaladas, deixando poucos respiros nas agendas. Foi nesse período, com pessoas espalhadas e times dispersos, que muitas empresas começaram a sentir rapidamente mais (e novos) desafios em sua comunicação. O primeiro deles foi a necessidade de passar, de forma constante e, de preferência, em tempo real, as novas diretrizes para todo time. Não dava mais para cascatear e deixar que a mensagem chegasse na ponta de forma truncada. Era preciso usar o benefício da tecnologia – que permite unir todos os times na mesma tela ao mesmo tempo – e passar os principais avisos e direcionamentos para todos. Foi nesse momento que muitos CEOs assumiram o papel de representantes de turma e, ao lado do time de recursos humanos e comunicação, passaram a reservar um momento na semana ou na quinzena para transmitir – não apenas as mensagens importantes –, mas, sobretudo, segurança.

O segundo efeito sentido por todos nós quando fomos atirados para a tela foi a necessidade de adotar um canal oficial corporativo para as mensagens institucionais e orientar as lideranças e seus times a escolher formas e ferramentas para manter a comunicação ativa. Afinal, alguns usavam o WhatsApp; outros, o Teams; outros, ainda o e-mail, forçando todos a estarem conectados em todos os canais – e muitas vezes – respondendo às mesmas coisas.

Houve ainda um terceiro efeito desse turbilhão de novidades a que fomos submetidos desde março de 2020: o acúmulo de reuniões. Ao retirarmos o cafezinho com colegas da nossa rotina, o almoço com o time e aquele toquinho no ombro que, de forma ágil e mágica, resolvia questões simples, passamos o dia gerando e recebendo *links* de reuniões. Para tudo. Cerca de seis meses após o início da pandemia, ouvi de vários executivos a seguinte frase: "Tudo agora virou uma reunião; não existe mais conversa". Isso porque, sem saber como resolver aquilo que resolvíamos de forma natural, sem pensar muito a respeito, aprendemos a gerar *links* para ter o interlocutor por perto. A consequência foi fatal: muita dispersão e um cansaço generalizado.

Em 2006 o GPTW® conseguiu mapear que havia uma relação inversa entre inclusão digital e satisfação com a subdimensão Comunicação de duas vias, ou seja, quanto mais acesso aos canais eletrônicos, menor era a satisfação com a comunicação interpessoal. O desafio atual é buscar dados para verificar se essa relação se acentuou. A sensação e percepção que temos é que, sim, o problema se potencializou.

Todos esses efeitos provocaram nas empresas a necessidade de ter uma estratégia de comunicação bem definida e organizar – junto às lideranças – novos planos para garantir que todos estivessem sempre na mesma página, evitar cansaço e desperdício de tempo e, principalmente, transmitir o "jeitão" da empresa – ou seja, sua cultura.

Mais de dois anos após a virada de mundo, aprendemos a nos comunicar de forma mais organizada – o que não significa que estamos ainda num patamar evoluído de eficiência. Até porque o desafio agora é a gestão dos times híbridos. Sim, porque quando nos acostumamos a gerar menos *links*, a diminuir as reuniões, a organizar as mensagens e adotar os canais oficiais para todos que estavam remoto, agora é preciso fazer tudo isso para lá e para cá – isto é, para quem ficou em casa e para quem está voltando ao escritório, sem prejuízo para nenhuma das partes.

Por tudo isso e por aquilo que ainda vamos viver – afinal, a revolução do trabalho não vai parar no pós-pandemia – sabemos que a comunicação interna ganhou um lugar de respeito no palco corporativo, elevando a área e o profissional a uma função extremamente estratégica. E isso não tem volta. Afinal, nenhum negócio sobrevive numa Torre de Babel.

PRINCIPAIS CONCLUSÕES

- Os 25 anos de pesquisa das Melhores Empresas para Trabalhar demonstram que o investimento maior das organizações foi realizado em sua comunicação institucional.
- Felizmente, apesar das principais modalidades permanecerem as mesmas, nota-se que a satisfação dos funcionários em relação à Comunicação de duas vias evoluiu desde 1997.
- A comunicação institucional é importante e necessária, mas é meio, e não fim, ou seja, não substitui de maneira alguma a comunicação de duas vias que também é um meio – a finalidade principal é estabelecer a possibilidade de contato entre as pessoas, especialmente entre o líder imediato e sua equipe. A base para a construção de relacionamento interpessoal é a proximidade e confiança, possibilidades que o processo de comunicação de duas vias oferece aos funcionários.
- A tecnologia impulsionou, incluiu e democratizou as informações nas empresas, permitindo que mais pessoas acessassem às mesmas

mensagens, que antes eram destinada somente a um grupo específico (normalmente à liderança).
- A pandemia trouxe novos desafios para a comunicação corporativa. É preciso agora fazer a gestão de pessoas e de times 100% remoto ou híbridos e garantir que a mesma mensagem esteja chegando para todos da mesma forma e ao mesmo tempo.

REFERÊNCIAS

1. MATOS, Tadeu Antonio. *Pesquisa estima que metade da população mundial tem smartphone*. Tecmundo. Disponível em: l1nq.com/RPDuc. Acesso em: set. 2022.

CAPÍTULO 6
A empresa é a Sala de Aula

Cada vez mais e de diferentes formas, as Melhores Empresas para Trabalhar vêm investindo na capacitação de seus times.

O MERCADO DE TREINAMENTO & DESENVOLVI- mento é uma fatia em franca expansão não apenas no Brasil, mas em todo o mundo. Se utilizarmos a média dos dados compartilhada pela *Harvard Business Review*, Training Industry e Forbes[1], chegamos ao valor de 390 bilhões de dólares da educação corporativa no mundo, o equivalente a 1,9 trilhão de reais. Sendo o Brasil responsável por 2% do PIB mundial, chegamos à cifra de 33 bilhões de reais para o mercado brasileiro de educação. Se quisermos ser mais conservadores nesse número, visto que alguns setores investem menos em treinamento e desenvolviemento, e reduzirmos em 50% essa estimativa, ainda assim chegamos aos surpreendentes 15 bilhões de reais em tamanho de mercado. É um valor significativo e isso não deve parar. Ao contrário. A previsão é que cada vez mais pessoas e organizações devam investir em capacitação para poder fazer parte da nova era do trabalho, que exige não apenas diplomas – como era mais comum observar há 25 anos –, mas habilidades que transitam entre as técnicas e as comportamentais. Esse sempre foi um traço das Melhores Empresas. Desde que avaliamos esse grupo de organizações, perecebemos que parte do seu orçamento é destinado ao desenvolvimento de seus profissionais. Em 2019, por exemplo, a média de investimento foi de 2.400 reais por pessoa (56 horas de treinamento por colaborador). Como comparação, segundo dados da Associação Brasileira de Treinamento e Desenvolvimento (ABTD) de 2021, a média de horas de treinamento por pessoa nas empresas brasileiras é de 19; e nas americana, 36.

Neste capítulo, vamos entender os motivos desse crescimento vertiginoso e como o mercado

– e as Melhores Empresas – vêm investindo em educação nos últimos 25 anos.

A TECNOLOGIA EXIGE NOVOS APRENDIZADOS

Pense em quanto tempo as pessoas trabalharam com máquinas de escrever em seus escritórios. Das manuais às elétricas, elas dominaram os ambientes corporativos – e as redações de jornais – por mais de um século. De 1880, quando empresas começaram a fazer encomendas em larga escala, até o início dos anos 1990, a máquina de escrever (ou datilográfica) seguiu sendo, ao lado do telefone e, posteriormente, do fax, o equipamento mais famoso dos escritorios. Apesar de novos modelos serem testados, seu manuseio não exigia grandes novos aprendizados. Você precisava aprender a manusear as teclas e o restante do trabalho era intuitivo. Para alguns, um curso de datilografia podia ser um diferencial, dependendo da carreira, pois ele iria garantir maior agilidade na função e, consequentemente, maior produtividade no trabalho.

Com a entrada dos computadores, iniciamos a era digital – mais rápida, dinâmica e muito mais exigente. Foi preciso entender novos mecanismos e aprender alguns programas para tornar o trabalho mais rápido e melhor. E eles não param de mudar, renovar, alterar e em intervalos cada vez mais curtos. É como se tivéssemos de entender novas regras do jogo o tempo todo – e, claro, sempre de forma ágil. Dos computadores aos *smartphones* e toda a tecnologia envolvida na rotina corporativa – menos papéis e mais plataformas –, o mundo do trabalho vai exigindo de todos nós aprendizados e adaptações constantes.

Durante a pandemia, fomos expostos – em um curto espaço de tempo – a aprender (e dominar) plataformas de videoconferência, de gravações, de treinamentos etc. Aprendemos em pouco mais de algumas semanas a transferir uma rotina física para o mundo virtual. Quem se negou – e quem se nega – a encarar e aceitar as novas ferramentas não conseguiu nem irá conseguir sobreviver nesse novo ambiente.

SEU CURRÍCULO SÓ VALE POR 5 ANOS

A nossa vida linear e previsível do século XIX e aquela que a maior parte de nós ainda carrega no modelo mental apresentava três grandes acontecimentos: os 20 primeiros anos eram dedicados aos estudos (do jardim de infância à gradução ou pós-graduação); os próximos trinta anos, dedicados ao trabalho e, lá no além da aposentadoria, ou seja, nos dez, quinze anos seguintes (dada a expectativa de vida que imaginávamos) aparecia o descansar, desfrutar do ambiente familiar e viajar. Pois bem. Essa vida linear, previsível e repetitiva não existe mais. Ou não deveria existir. Primeiro porque não dividimos mais a vida dessa forma – entre o pessoal e profissional (veremos mais sobre isso no Capítulo 8, "A busca por um novo equilíbrio"). Segundo porque a expectativa de vida sugere que iremos mais longe nessa linha do tempo e com vitalidade e vontade de trabalhar muito mais (afinal, trabalho é uma coisa que faz sentido, e não apenas um meio de sobrevivência). E terceiro – e o ponto deste capítulo – porque o que estudamos nos 20 primeiros anos da nossa vida não irá garantir nossa empregabilidade nem nos próximos 5 anos – na realidade, hoje o tempo médio das habilidades aprendidas é de 3 a 5 anos.

Precisamos periodicamente renovar nosso estoque de conhecimento, aumentar nosso repertório e até atualizar nosso vocabulário. Como essa capacitação não acontece na mesma velocidade do mercado, temos uma enorme lacuna entre as necessidades dos negócios e a formação dos profissionais. Segundo o relatório *The Future of Jobs* de 2020, do Fórum Econômico Mundial, 40% das habilidades consideradas essenciais hoje irão mudar. Mas o número mais alarmante é este: até 2025, a automação deve eliminar 85 milhões de empregos no mundo, enquanto a nova divisão do trabalho entre humanos, máquinas e algorítmos irá criar 97 milhões.[2] Como fechar essa conta? Com aprendizado e desenvolvimento constantes. Como escreveu o filósofo americano Eric Hoffer, na década de 1970, em "uma época de mudanças drásticas são os aprendizes que herdam o futuro".[3] É exatamente disso que precisamos nas nossas organizações: de eternos aprendizes – pessoas que estejam dispostas a apender, desaprender e reaprender o tempo todo, a premissa do *lifelong learning*, expressão que entrou na moda e que significa o aprendizado contínuo. Esse é o caminho para nos manter vivos no mercado de trabalho e garantir nossa empregabilidade por vários anos, independentemente das mudanças drásticas que surgirem.

HARD + SOFT SKILLS

Durante boa parte do mundo do trabalho – incluindo até os primeiros anos da nossa pesquisa – a valorização dos profisisonais era pautada nas competências técnicas que ele carregava (*hard skills*). Quanto mais habilidades de negócios e focadas em entregas objetivas – metas, é claro – mais esse profissional se dava bem. O resultado foi uma fábrica de líderes técnicos, muitas vezes ótimos de números, mas péssimos de relacionamento. Afinal, a fórmula para "subir na carreira" era acumular o conhecimento técnico esperado pela organização. Alcançou, passou. Foi assim que a expressão "transformou mais um ótimo técnico em péssimo gerente" ganhou sentido e força no mundo corporativo. A preocupação, portanto, era mais com treinamentos pontuais e menos com um desenvolvimento mais sofisticado desse colaborador – que envolvesse habilidades mais comportamentais e menos racionais. Em 1997, por exemplo, das 30 Melhores para Trabalhar, 14 ofereciam cursos de idiomas, normalmente com subsídios integrais; nenhuma oferecia subsídios integrais ou parciais para graduação e apenas 8 delas ofereciam pós-graduação com pagamento integral. No final da década de 1990, era inimaginável, como regra, oferecer-se programas como *mentoring* ou *coaching*. Tampouco havia qualquer plano sucessório definido. A menos, nenhuma empresa participante da primeira edição da pesquisa informou ter essas políticas e práticas.

Em 2006, já conseguimos obervar uma mudança no comportamento das organizações sobre o tema, que começam a *desenvolver* mais e *treinar* menos seus funcionários, e também na abrangência da prática, que passa a incluir mais as pessoas (e não mais focada apenas na liderança). Afinal, o desenvolvimento de pessoas começa a ser visto pelo mercado como uma benefício oferecido pela organização – e muito valorizado pelos funcionários.

TIPOS DE BENEFÍCIOS LIGADOS À EDUCAÇÃO OFERECIDOS PELAS MELHORES EMPRESAS

Práticas	% das Melhores com essas práticas	
	2006	2021
Bolsa de estudos para cursos de idiomas (integrais ou parciais)	77	74
Bolsa de estudos para cursos de graduação ou pós-graduação (integrais ou parciais)	77	83

Nesse período, começamos a observar um movimento interessante no grupo das Melhores. Elas passam a ser também Escola dos seus funcionários – para tentar suprir as lacunas de formação e conhecimento que começam a aparecer. Por essa razão, a escolaridade dos funcionários desse time vem evoluindo desde 2006, conforme demonstrado na próxima página. A porcentagem de pessoas com Ensino Superior completo e com Pós-graduação *lato* e *stricto sensu* evoluiu de 2006 para 2021.

Edição	Nº de funcionários das Melhores	Em %		
		Ensino Fundamental completo, Médio completo e Superior incompleto	Ensino Superior completo	Pós-graduação, mestrado e doutorado
2006	32.141	67	27	6
2021	142.239	58	29	13

Dentre as mudanças, a mais evidente é a necessidade de desenvolver as habilidades comportamentais (*soft skills*), que até a primeira década da pesquisa mal apareciam. Nesse período, programas de *coaching e mentoring* ganham destaque e a liderança começa a ser cobrada por ser mais protagonista na gestão de pessoas do seu time. Para os gestores recém-promovidos e, portanto, em início da jornada de liderança, havia, em 2006, o oferecimento de programas de mentoria entre 29% das Melhores Empresas para Trabalhar; essa prática atualmente está no patamar de 82%.

De 2006 para cá enxergamos uma crescente (e veloz) necessidade das empresas de capacitar seus líderes. Por quê? Porque ainda temos mais entendedores de números que de pessoas no ambiente corporativo, fruto de anos valorizando as habilidades técnicas e ignorando as competências humanas. O desafio atual das empresas está em ter líderes que entendam do negócio (sim, as *hard skills* são muito importantes), mas que entendam sobretudo de pessoas. *Hard + Soft Skills*. Para isso, é preciso ampliar a cartilha de desenvolvimento da liderança, ainda muito focada em treinamentos técnicos (veja mais no Capítulo 7, "Liderança").

MÚLTIPLAS CARREIRAS PRECISAM DE MÚLTIPLAS HABILIDADES

O que você vai ser quando crescer? Essa pergunta não faz o menor sentido neste século do trabalho e isso explica mais um motivo para o crescimento do mercado de educação. Se, no passado, a sua formação pautaria sua vida profissional para sempre – até aquela aposentadoria dos 60 anos tão esperada –, hoje ela pode ser apenas um passaporte de entrada para o mercado de trabalho. Muito mais vasto, esse mercado também se mostra mais atraente, desde que você tenha as habilidades e competências adequadas para navegar entre as múltiplas opções que ele oferece. E é aí que entra o nosso tema. No passado, uma pessoa que ser formou em Veterinária, por exemplo, estava limitada a alguns caminhos de carreira – de preferência que envolvesse animais. Hoje, um veterinário pode liderar uma área de marketing de uma multinacional de alimentos. Pode? Pode, desde que esse profissional tenha adquirido as habilidades e competências para trilhar essa jornada e fazer sua transição de carreira. No time do Great Place to Work Brasil, por exemplo, há inúmeros casos de profissionais com formações tão aparentemente distantes de suas funções atuais que falar sobre transições de carreira virou algo muito natural. Bom, aqui quem escreve este livro é uma jornalista que durante mais de 15 anos teve uma carreira clássica em redações de revista até fazer sua própria derivação de carreira ao migrar, em 2016, para o Great Place to Work. Portanto, a nossa formação não define mais o nosso futuro. O que vai definir nossa trajetória profissional é o nosso interesse pelas diferentes funções que podem aparecer ao longo do tempo e como estamos nos preparando para assumir esses novos e diferentes degraus da carreira.

A EDUCAÇÃO NAS MELHORES EMPRESAS PARA TRABALHAR EM QUATRO FASES

Já falamos um pouco de como as melhores vêm se comportando em relação ao tema Treinamento & Desenvolvimento, mas agora vamos trazer um pouco de conceito sobre essa prática ao longo do tempo em quatro fases.

Treinamento

O treinamento tem foco no curto prazo, ou seja, busca alinhar as competências individuais àquelas dos cargos que as pessoas ocupam. Competência é o somatório de conhecimentos, habilidades e atitudes. Alguns treinamentos eram obrigatórios e realizados em razão das Normas Regulamentadoras (NR), tais como operação de empilhadeiras e operação de vasos de pressão, mas a grande maioria, não. Pois bem, as necessidades de treinamento eram levantadas de diversas formas, quase sempre de maneira empírica pela área de recursos humanos ou por indicação da liderança do funcionário ou ainda por imposição da legislação. Uma vez levantadas essas necessidades, elas eram consolidadas em um plano com dados relacionados à execução, tais como datas, formatos, entidades externas ou realizados internamente, e todos os custos envolvidos para implementar o planejamento realizado. O plano era aprovado e incluído dentro do orçamento da empresa e, posteriormente, era materializado por meio de atuação direta de recursos humanos pela programação do treinamento, inscrição, pagamentos, encaminhamento do indivíduo para a entidade externa executora, entre outras ações.

Pode-se deduzir que naquele momento as empresas eram as tutoras dos funcionários em relação ao seu treinamento.

Desenvolvimento

Já o desenvolvimento era focado no médio e longo prazo, ou seja, invariavelmente se materializava por meio de pós-graduações e cursos de idiomas e, como regra, abrangia somente os níveis de profissionais mais qualificados das organizações. Também, nesse caso, as empresas assumiam as rédeas para levantar e provisionar verbas, programas e implementar o desenvolvimento dos funcionários.

Assim, como característica principal, pode-se dizer que o treinamento era amplo, ou seja, mais democrático em relação ao seu público-alvo, pois quase todos os colaboradores realizavam algum durante o ano. O desenvolvimento era mais elitizado. Outro aspecto importante é que todos os eventos, seja os de treinamento seja os de desenvolvimento, eram presenciais e, normalmente, externos.

Vale mostrar a afirmativa que trata da percepção dos funcionários sobre as políticas e práticas de treinamento ou outras formas de desenvolvimento para o crescimento profissional desde 1997 até 2021.

Afirmativa	Média (em %)			
	1997 [1]	2006	2021 [2]	Δ (em pontos percentuais) ([2] − [1])
A organização me oferece treinamento ou outras formas de desenvolvimento para o meu crescimento profissional	84	82	89	+ 5

Nota-se que a média dessa afirmativa evoluiu muito pouco em relação à primeira edição, decaiu de maneira discreta na décima edição e, finalmente, voltou a crescer em 2021.

Universidade Corporativa

A Universidade Corporativa surgiu quase como uma substituta do programa de treinamento das empresas e foi se adaptando ao longo do tempo. Reconhecida como pioneira no assunto, a General Electric criou a sua universidade em 1955, a famosa Crotonville, com o objetivo de promover seus treinamentos e fomentar o desenvolvimento de forma contínua de seus profissionais. No Brasil, o conceito começou a se espalhar somente na década de 1990, mas ganhou logo força dentre as melhores empresas para trabalhar. Hoje, de acordo com a pesquisa de 2021, 61% das empresas classificadas contam com uma universidade corporativa. Também conhecidos como centros de treinamentos, essa forma de fomentar o desenvolvimento dos profissionais pode existir fisicamente, por meio de eventos presenciais massificados para um grande número de colaboradores, ou virtualmente, através de plataformas de Learning Management Systems (LMS) ou de Ambiente Virtual de Aprendizagem (AVA). Os cursos podem ser de "prateleiras", quando a oferta é abrangente e massificada, ou ainda customizados e criados pelas próprias organizações para atender as suas necessidades específicas.

A universidade corporativa continua democratizando e alinhando as competências dos funcionários para o exercício de seus cargos e/ou funções a custo inferior ao que era praticado no passado e com maior possibilidade para os treinandos de atuarem à distância e de onde quiserem para buscar esse aperfeiçoamento.

Cardápio de cursos e o protagonismo do colaborador

Numa era em que o indivíduo passa a ser o protagonista de todas as suas escolhas e decisões sobre trabalho, não seria diferente quando falamos de desenvolvimento. Saímos de um ritual em que a empresa determinava o que o funcionário precisava para se desenvolver e, a partir de todo aquele processo burocrático descrito, com carimbos e autorizações do RH, chegamos a uma experiência em que o colaborador tem o poder de escolher o que deseja para seu próprio desenvolvimento. Em 2006, nenhuma empresa classificada dentre as Melhores oferecia essa liberdade toda para o funcionário quando se tratava de educação. Em 2021, 43% já concedem uma verba para o funcionário usar como bem entender no seu desenvolvimento (veja o quadro na próxima página). Algumas empresas têm feito parcerias com *startups* de educação, cujas plataformas oferecem cardápios de cursos e treinamentos. Dessa forma, o colaborador se inscreve, acessa o curso, normalmente *online*, no momento que deseja. Alguém pensou em Netflix? Pois é exatamente esse o conceito. A diferença é que os cursos assistidos ficam registrados para análise da liderança, que também pode indicar os treinamentos mais adequados para cada um da sua equipe.

Práticas	% das Melhores com essas práticas	
	2006	2021
Coaching	27	87
Verba para o funcionário usar no programa de desenvolvimento que quiser	0	43

O desafio atual das empresas está em promover uma curadoria desse mar de opções. Com tanta liberdade e flexibilidade, escolher o conteúdo, curso, treinamento adequado para o profissional não é uma tarefa muito simples. Assim, como podemos ficar um bom tempo escolhendo um filme na Netflix e acabar optando por um que não tenha muito a ver com nosso perfil ou nosso momento, o funcionário pode escorregar na sua tomada de decisão. É fundamental, portanto, que o líder oriente o desenvolvimento da sua equipe. Saímos de uma gestão de controle – em que o RH determinava o que cada um deveria fazer (e quando fazer) para subir na hierarquia – para uma gestão de confiança, em que cada um escolhe o que fazer e quando fazer para seu próprio desenvolvimento. Mas essa decisão exige maturidade e muito cuidado. Sem o apoio e o olhar atento da liderança, os funcionários podem se afogar no mar de opções.

PRINCIPAIS CONCLUSÕES

- O mercado de educação é gigante e não deve parar de crescer por quatro principais motivos:
  - a tecnologia exige novos aprendizados em ciclos cada vez mais curtos;
  - o que estudamos na escola e na faculdade não garantirá nossa empregabilidade para sempre, afinal o tempo médio das habilidades é de três a cinco anos;
  - há uma necessidade cada vez maior de capacitar os profissionais – especialmente os líderes – em *soft skills* (habilidades comportamentais);
  - novas profissões e funções surgem em espaços de tempo cada vez menores. Podemos ter várias carreiras ao longo da nossa vida, mas para isso é preciso estar em constante estado de aprendizado.

- Se nos primórdios das Melhores o treinamento e o desenvolvimento eram conduzidos pelas empresas para preparar os profissionais para encarreiramento dentro da estrutura organizacional, atualmente os indivíduos são protagonistas para se preparem para as oportunidades que surgem para o crescimento profissional.
- O treinamento continua a ser democratizado, através de Ambientes Virtuais de Aprendizagem (AVA). Também o desenvolvimento é acessível a todos, diferente de 1997 – há cursos de idiomas, bolsas de estudos para graduação e pós-graduação, *mentoring* e verbas disponíveis para serem utilizadas pelos funcionários da maneira que quiserem.
- Estamos assistindo a um novo fenômeno da educação corporativa. Após passarmos pelo treinamento, desenvolvimento e pela explosão das universidades corporativas, as plataformas de ensino e curso à distância têm oferecido liberdade total de escolha para o funcionário, que faz o curso ou acessa o conteúdo que deseja e quando deseja. O desafio é ter uma curadoria adequada a esse mar de opções para que o desenvolvimento faça sentido para o profissional e seja adequado aos valores e à cultura da empresa.

REFERÊNCIAS

1. GLAVESKI, Steve. Where Companies Go Wrong with Learning and Development. Harvard Business Review/ 2019. Disponível em: https://hbr.org/2019/10/where-companies-go-wrong-with-learning-and-development; Size of Training Industry. *Training Industry*. 2021. Disponível em: l1nq.com/gKcdK; CARR, Jeff. The Future of Learning: Top Five Trends for 2020. *Forbes*. Disponível em: l1nq.com/AtWJ1. Acessos em: set. 2022.

2. World Economic Forum. *The Future of Jobs Report*; Outubro 2020. Disponível em: https://www3.we forum.org/docs/WEF_Future_of_Jobs_2020.pdf. Acesso em: set. 2022.

3. HOFFER, Eric. *Reflections on the Human Condition*. Hopewell Publications, 1973

[

CAPÍTULO 7
O fim do Super-Homem e da Mulher-Maravilha

Em 25 anos, a liderança está mais próxima de seus times, mais humanizada e menos centralizadora, mas ainda temos desafios.

PERSONAGEM PRINCIPAL DESTE LIVRO, O LÍDER merecia ter um capítulo próprio nesta história. Afinal, já reforçamos algumas vezes que o principal responsável pela manutenção de um bom ambiente de trabalho não é o profissional de recursos humanos, nem o CEO, nem o pacote de benefícios ou outras práticas organizacionais, mas sim o líder direto. Vale relembrar que a metodologia GPTW® define que o relacionamento mais importante dentro do ambiente de trabalho é o **Vínculo de Confiança** (Credibilidade, Respeito e Imparcialidade) e este equivale a 69% da totalidade da pesquisa aplicada ano a ano. O comportamento ou a ação observada da liderança representa 81% da percepção que as pessoas têm do Vínculo de Confiança, assim pode-se afirmar que o líder de uma excelente empresa é um especialista em construir relacionamentos com seu superior, pares e equipe, uma habilidade que envolve mais comportamento e atitude que uma bagagem técnica e processual.

E essa é uma das principais diferenças que observamos no perfil da liderança, quando mergulhamos em nossos dados nesses 25 anos de pesquisa. O preparo técnico do líder para tocar os negócios foi um dos pontos mais valorizados pelas empresas – e também pelos funcionários – durante muito tempo, fruto de uma mentalidade industrial que ainda carregamos no nosso DNA corporativo. Nesse passado nem tão remoto, o processo de escolha do líder era concentrado em sua capacidade técnica, ou seja, o melhor profissional da área normalmente era a pessoa escolhida para liderar aquele grupo. À medida que o significado do trabalho começa a mudar e que novas gerações passam a ingressar no mercado de trabalho, porém, foi-se percebendo que essa qualidade desvinculada da capacidade de liderar pessoas gera uma série de disfunções dentro das organizações, como autocracia e gestão centralizadora, ambientes de trabalho excessivamente competitivos e injustos, condução de negócios caracterizada pelo tecnicismo em detrimento à valorização do ser humano, gestão pelo medo etc. É nesse ponto que começamos a redefinir o papel do líder no ambiente organizacional. Não basta entender do negócio, precisa entender de gente.

Para acompanhar a mudança no perfil do líder e em como os colaboradores vêm percebendo essa mudança, a ponto de confiar mais nos seus gestores e a atribuírem notas maiores aos seus diversos papéis junto à equipe, vamos, neste capítulo, responder a estas perguntas:

- Quais são as principais características relacionadas ao perfil da liderança em 1997 e hoje?
- Qual é o impacto da liderança na qualidade do clima organizacional?
- Como as empresas estão desenvolvendo seus líderes para acompanhar as mudanças no

mundo do trabalho e se tornarem mais próximas de suas equipes?

UMA LIDERANÇA MAIS PRÓXIMA

O processo das Melhores Empresas para Trabalhar permitiu e permite que se delineie o perfil do líder de um excelente lugar para se trabalhar e dá informações sobre como os liderados percebem cada um dos itens que compõem o modelo a ser seguido da liderança. Os dados apresentados a seguir representam o olhar dos funcionários, ou seja, a percepção deles em relação ao clima a partir de nossa metodologia.

Vale relembrar aqui que, em 1997, os líderes tinham as médias gerais superiores às dos liderados e essa diferença era significativa. No primeiro ano da pesquisa, por exemplo, o estrato de Gestores (Presidência e diretoria), que corresponde ao primeiro nível de liderança, tinha a média de 90% e o de Colaboradores de 78%, uma lacuna de 12 pontos percentuais. Já a faixa que inclui os gestores da Média Gerência, correspondente ao segundo nível de liderança, apresentou média de 89%, diminuindo a lacuna para 11 pontos percentuais quando comparada à percepção das equipes. E quando se observa os grupos dos gestores que fazem parte de cargos de supervisão ou gestão operacional, ou seja, o terceiro nível de liderança, e dos Colaboradores, a diferença cai para apenas 4 pontos percentuais. Assim, pode-se afirmar que os primeiros níveis de liderança eram distantes dos colaboradores, valorizando a hierarquia entre os cargos. Esse distanciamento se reduziu em 2006 e, em 2021, ele passa a ser muito discreto. Portanto, uma das primeiras análises que trazemos é a diminuição da hierarquia e o aumento da proximidade entre líderes e os colaboradores, conforme já adiantamos no Capítulo 3. E esse é um comportamento fundamental e uma condição imprescindível para a construção do Vínculo de Confiança.

Trust Index©, Tipo de Cargo GPTW® (em %)

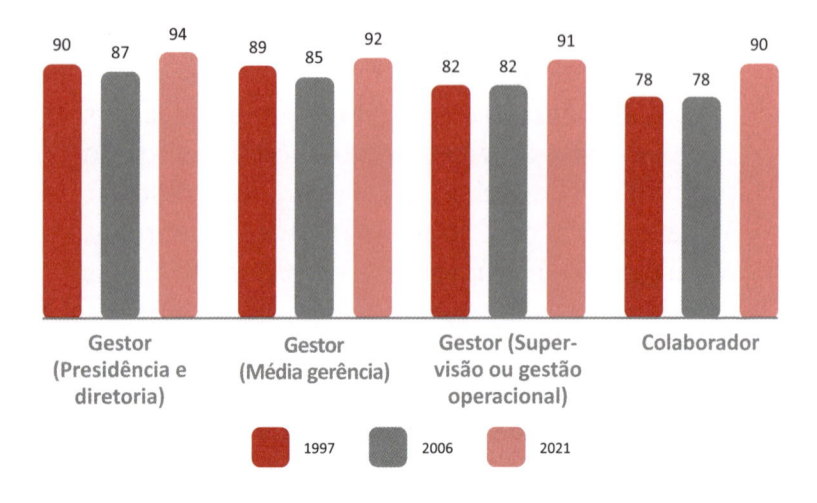

	1997	2006	2021
Gestor (Presidência e diretoria)	90	87	94
Gestor (Média gerência)	89	85	92
Gestor (Supervisão ou gestão operacional)	82	82	91
Colaborador	78	78	90

A tabela a seguir demonstra os principais traços do perfil da liderança segundo a nossa Metodologia©, a média para cada um desses aspectos em 1997 e em 2021 e a variação da 1ª edição para a 25ª, realizada em 2021. Pelos dados, é possível observar que os líderes têm correspondido mais às expectativas dos seus funcionários e foram mais bem avaliados em todos os quesitos – em alguns deles, de forma expressiva, como os que envolvem aspectos relacionados a justiça e favoritismo: "Reconhece o bom trabalho e é justo nas promoções" e "Trata de maneira idêntica todos sem qualquer favoritismo, além de contribuir para um ambiente de meritocracia".

Perfil embasado no Vínculo de Confiança*	Média (em %)		
	1997	2021	Δ (em pontos percentuais) ([2] – [1])
Comunica o momento presente e futuro dos negócios	81	89	+ 8
É acessível e esclarece as dúvidas existentes	83	91	+ 8
Reconhece o bom trabalho e é justo nas promoções	63	84	+ 21
É competente para tocar os negócios e gerir pessoas	77	89	+ 12
Dá liberdade de atuação e autonomia	87	90	+ 3
Envolve as pessoas e trata os erros não intencionais como forma de aprendizagem	70	86	+ 16
É coerente no comportamento e honesto e ético na condução dos negócios	75	91	+ 16
Se interessa pela pessoa, e não somente pelo empregado	74	88	+ 14
Trata de maneira idêntica todos e sem qualquer favoritismo, além de contribuir para a criação de um ambiente de meritocracia	61	82	+ 21
Gera um ambiente em que a posição ocupada não interfere no tratamento recebido**	81	89	+ 8

* Cada item desse perfil foi embasado em um conjunto de afirmativas do Modelo GPTW©®.
** Afirmativa incluída na pesquisa em 1998.

De forma geral, o líder está hoje mais preparado para fazer gestão de pessoas do que no final da década de 1990. Foram 25 anos aprendendo que essa é sua principal função, sendo desenvolvidos para isso e, muitas vezes, cobrados – como parte das suas metas e resultados – por isso. Pela nossa pesquisa e com base nos nossos dados, percebemos que o trabalho tem dado resultado. Abaixo, a evolução da liderança em várias habilidades, comportamentos e atitudes analisadas ao longo desse período:

- comunicação de duas vias, ou seja, o canal informativo (ativo e interpessoal) e o de acessibilidade;
- reconhecimento do bom trabalho e do esforço extra;
- utilização da meritocracia como base para as promoções;
- desenvolvimento de mais competência técnica para gerir os negócios e as pessoas;
- envolvimento das pessoas em decisões, oferecendo liberdade e autonomia para suas equipes e tratando os erros não intencionais como forma de aprendizagem;
- coerência de comportamento e de discurso, honestidade e ética, interesse maior pelas pessoas, além das fronteiras organizacionais;

- senso de justiça: menos favoritismo e mais meritocracia e tratamento igualitário, independentemente da posição ocupada pelas pessoas.

Como já descrito, se a média geral evoluiu de 1997 para 2021, deve-se essa conquista à liderança, que se torna, cada vez mais, próxima dos liderados e protagonista na construção de excelentes lugares para trabalhar.

O IMPACTO DA LIDERANÇA NO CLIMA ORGANIZACIONAL

Liderança, cultura e clima organizacional têm uma relação visceral. Podemos dizer que cultura e clima são dois lados da mesma moeda – uma é a personalidade de uma organização e a outra é a sua manifestação. E a liderança? Onde entra nessa equação? Na modelagem da cultura organizacional. Sabemos, e isso é senso comum, que os líderes moldam a cultura de uma empresa por meio do exemplo dado, ou, como a literatura de gestão de negócios menciona, a partir de um *role model*.[1] Em poucas palavras, podemos dizer que o "jeitão" de uma empresa é o "jeitão" manifestado pela liderança – e é esse "jeitão" que vai impactar o clima organizacional e, claro, o resultado dos negócios.

Um estudo realizado por Daniel Goleman indica que o clima organizacional impacta em 30% da lucratividade de uma empresa.[2] Nossos estudos com a B3, apontados na introdução deste livro, também revelam que as Melhores Empresas para Trabalhar no Brasil, ou seja, aquelas que mantêm um bom clima organizacional, também apresentam maiores resultados e menores riscos. Não é apenas uma coincidência. São fatos. E a liderança é a principal responsável por garantir esse impacto positivo nos negócios por meio do impacto positivo nas pessoas.

Ao perceber essa relação direta entre a gestão do líder e resultado do clima, o GPTW® Inc., com sede nos EUA, iniciou um estudo, a partir de dados quantitativos e qualitativos de 30 anos de pesquisa das Melhores Empresas em organizações de diversos setores, para buscar padrões e traços que diferenciassem os excelentes líderes dos nem tão bons assim.[3] Dessa forma, a partir de 2018, fomos além da descoberta do impacto da liderança no ambiente de trabalho. Identificamos as características de cada líder e como elas acabam se manifestando na percepção dos colaboradores, afetando de forma positiva ou negativa o clima organizacional.

Foram encontrados cinco níveis distintos de liderança:

- Estágio 1 – O líder inconsciente
- Estágio 2 – O líder aleatório
- Estágio 3 – O líder transacional
- Estágio 4 – O bom líder
- Estágio 5 – O líder *for all*

As Melhores Brasil 2021 possuem 26% dos seus líderes nos estágios iniciais (Inconsciente, Aleatório e Transacional) e 74% nos estágios avançados (Bom Líder e *For All*). Para efeitos de comparação, temos no gráfico da página seguinte os dados relativos às empresas que não obtiveram êxito em relação ao processo das Melhores 2021 – 53% dos seus líderes estão nos estágios iniciais e 47% nos avançados.

Estágio da Liderança, Melhores Brasil 2021

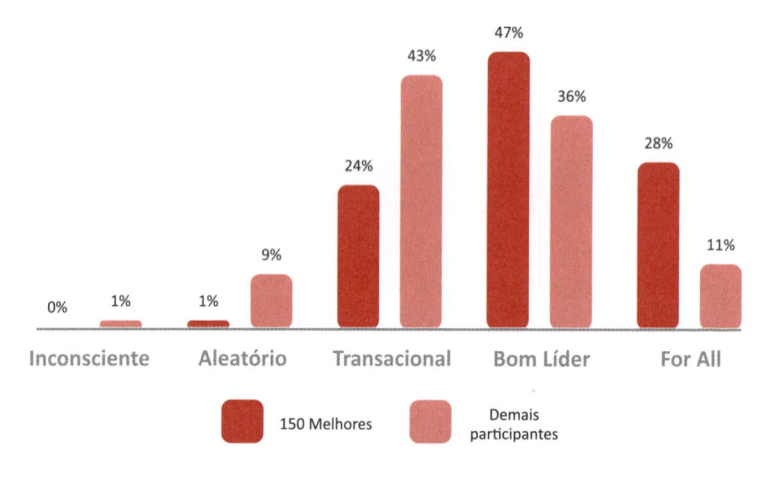

	Inconsciente	Aleatório	Transacional	Bom Líder	For All
150 Melhores	0%	1%	24%	47%	28%
Demais participantes	1%	9%	43%	36%	11%

Estágio 1: O líder inconsciente

O líder inconsciente não tem ideia do impacto de seu comportamento sobre os outros, principalmente em relação à sua equipe. Nesse estágio, encontramos os excelentes técnicos, que dominavam os processos de trabalho com maestria e que se tornaram líderes e não foram preparados para assumir a gestão de pessoas. Esse despreparo leva o indivíduo a agir, em situações extremas, com desequilíbrio emocional ou de maneira autocrática. Infelizmente, nesse estágio a liderança torna negativa a experiência da sua equipe em relação ao clima organizacional e pode gerar, no longo prazo, prejuízos para a organização, seja em relação à menor agilidade organizacional, ambiente menos inovador, menor produtividade e maior rotatividade de pessoal.

Estágio 2: O líder aleatório

O líder aleatório age em alguns momentos de maneira adequada e em outros, não – ele é imprevisível. Diferentemente do inconsciente, esse tipo de liderança não prejudica propriamente a organização, mas também não apoia ativamente a sua equipe para que tenha um desempenho dentro das expectativas definidas pela empresa.

Falta ao líder aleatório a habilidade para gerir pessoas. Ele pode agir para favorecer, intencionalmente ou não, alguns membros da equipe. Dessa forma, não balanceia de maneira adequada as atividades para as pessoas certas ou não defende o grupo sob sua responsabilidade de maneira equitativa, tampouco se comunica claramente com os seus funcionários, gerando um ambiente parcial, de incerteza e sem camaradagem entre as pessoas. A existência de muitos líderes aleatórios na empresa gera uma quebra de comunicação entre os departamentos e cria uma experiência negativa para a maioria das pessoas de sua equipe.

Estágio 3: O líder transacional

O líder transacional gosta de ticar itens na sua lista de tarefas, especialmente daquelas relacionadas às suas metas. Ele é bom no que faz, mas é burocrático e não enxerga necessidade em ser um visionário ou carismático como aqueles que estão nos estágios Bom Líder e Líder *for all*. Não possui um estilo consistente de liderar, de se comunicar e também não pratica a empatia – dificilmente ele consegue estabelecer vínculos com as pessoas. É o famoso líder *by the book*, ou seja, faz o que mandam e só isso, sendo um bom executor das políticas e práticas definidas pela organização. De certa maneira, sua equipe replica esse padrão e executa as metas com afinco e qualidade, mas não inova e tem, assim como seu chefe, uma atuação burocrática, sem espaço para a criatividade. A experiência dos funcionários é boa, pois esse líder não atrapalha, mas também não ajuda.

Estágio 4: O bom líder

O bom líder possui diferenciais em relação aos estágios iniciais apresentados anteriormente. Ele é consistente, inclusivo e sincero, deixando claras as expectativas que tem sobre as pessoas. É um indivíduo fácil para se conversar, compreensivo e justo. No entanto, pode ainda sentir que as metas são sua responsabilidade, e não de sua equipe. Tem dificuldade para expor suas falhas, impedindo que se conecte com alguns colaboradores. Nesse estágio, o líder é bom para as pessoas e os negócios. Sua atuação estimula a agilidade, a inovação, a produtividade e a permanência dos funcionários na empresa. Além disso, torna a experiência das pessoas positiva em relação à organização.

Estágio 5: O líder *for all*

O líder *for all* é benquisto pelas pessoas. Suas equipes se mostram bem-sucedidas, pois esse estágio de liderança permite que os indivíduos façam o seu melhor e trata todos com dignidade. Esses líderes conduzem pelo exemplo. São vistos como honestos, éticos, justos, meritocráticos e confiáveis, além de abertos e responsivos, o que faz com que aumentem a sua influência sobre outros. Nesse estágio, o líder não faz microgerenciamento, pois oferece autonomia, abre canal para uma gestão mais participativa e dá poder para seus funcionários. Esse estilo de gestão garante que todos os indicadores de suas equipes são os melhores da organização – agilidade, inovação e produtividade. Os funcionários do líder *for all* têm brilhos nos olhos e querem permanecer muito tempo na organização. Normalmente, os indivíduos têm uma experiência extremamente positiva em relação ao clima organizacional.

O modelo de liderança *For All*

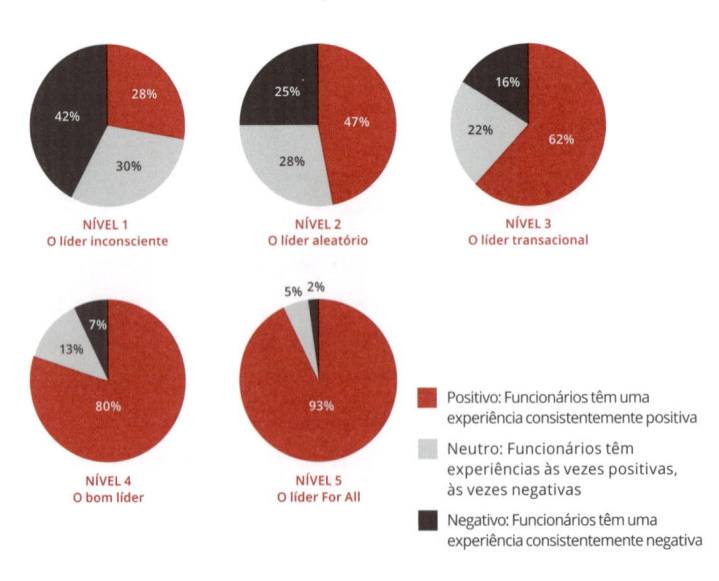

NÍVEL 1 — O líder inconsciente: 28% positivo, 30% neutro, 42% negativo.

NÍVEL 2 — O líder aleatório: 47% positivo, 28% neutro, 25% negativo.

NÍVEL 3 — O líder transacional: 62% positivo, 22% neutro, 16% negativo.

NÍVEL 4 — O bom líder: 80% positivo, 13% neutro, 7% negativo.

NÍVEL 5 — O líder For All: 93% positivo, 5% neutro, 2% negativo.

Positivo: Funcionários têm uma experiência consistentemente positiva

Neutro: Funcionários têm experiências às vezes positivas, às vezes negativas

Negativo: Funcionários têm uma experiência consistentemente negativa

A cada nível de liderança uma porcentagem maior de funcionários relata uma experiência mais positiva em relação ao clima, além de maior agilidade organizacional, inovação, produtividade e manutenção dos seus talentos.

Os líderes *for all* se sobressaem aos outros estágios em relação ao Vínculo de Confiança, Orgulho e Camaradagem, mas algumas diferenças se apresentam mais expressivas:

- trabalham com as equipes e possuem um estilo participativo;
- oferecem reconhecimento às pessoas e as ajudam a evoluírem em suas carreiras;
- é um tipo de líder que as pessoas querem seguir, pois o consideram competente, honesto e confiável.

Se compararmos uma equipe gerida pelo líder *for all* (Estágio 5) com outra comandada pelo inconsciente (Estágio 1), temos os seguintes resultados:

- 300% mais agilidade organizacional;
- 325% mais disposição para a inovação;
- 353% mais produtividade;
- 128% mais vontade de permanecer na empresa.

Líderes que se alinham obtêm resultados

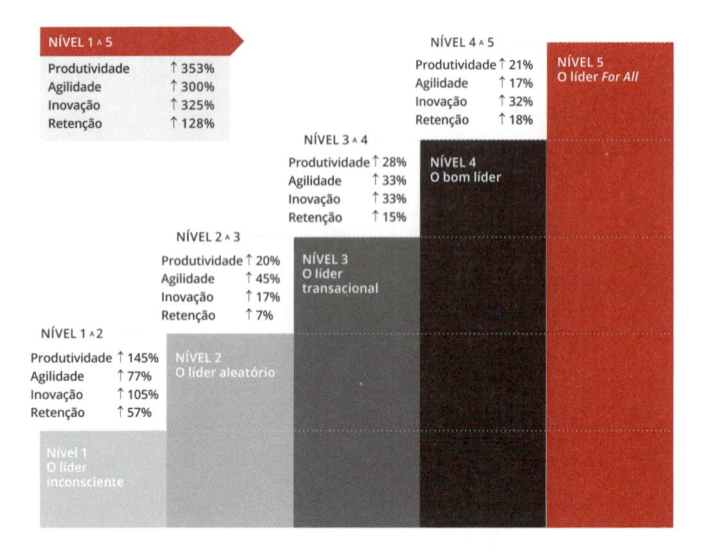

NÍVEL 1 A 5
- Produtividade ↑ 353%
- Agilidade ↑ 300%
- Inovação ↑ 325%
- Retenção ↑ 128%

NÍVEL 4 A 5
- Produtividade ↑ 21%
- Agilidade ↑ 17%
- Inovação ↑ 32%
- Retenção ↑ 18%

NÍVEL 5
O líder *For All*

NÍVEL 3 A 4
- Produtividade ↑ 28%
- Agilidade ↑ 33%
- Inovação ↑ 33%
- Retenção ↑ 15%

NÍVEL 4
O bom líder

NÍVEL 2 A 3
- Produtividade ↑ 20%
- Agilidade ↑ 45%
- Inovação ↑ 17%
- Retenção ↑ 7%

NÍVEL 3
O líder transacional

NÍVEL 1 A 2
- Produtividade ↑ 145%
- Agilidade ↑ 77%
- Inovação ↑ 105%
- Retenção ↑ 57%

NÍVEL 2
O líder aleatório

Nível 1
O líder inconsciente

A novidade é que é possível desenvolver a liderança dos estágios iniciais para os avançados, caso haja predisposição desses indivíduos. À luz de nossa metodologia, o líder é um especialista em construir o Vínculo de Confiança, e as bases da confiança são a comunicação interpessoal, a competência técnica para a condução dos negócios, a capacidade para gerir pessoas, o comportamento e a coerência observada pelos liderados e sua atuação como o principal gestor de recursos humanos. Ou seja, o líder é o responsável pela aplicação das políticas e das práticas de maneira imparcial e o catalisador na construção de um ambiente saudável, seja do ponto de vista emocional, seja do fornecimento de condições adequadas para se trabalhar.

O DESENVOLVIMENTO DA LIDERANÇA

O entendimento de que o líder direto é o grande responsável pelo engajamento dos funcionários, assim como a sua decisão de permanecer ou não na empresa, tem provocado no mundo corporativo uma vital necessidade de desenvolver sua liderança – especialmente porque acabamos de ver ser possível sair de um estágio um para um estágio cinco. Segundo nosso Relatório de Tendências, já citado em capítulos anteriores, a capacitação da liderança despontou em primeiro lugar nas prioridades da agenda de gestão de pessoas em 2022. A mesma pesquisa apontou que 94% dos respondentes disseram pretender investir no desenvolvimento de seus gestores neste ano.

Já sabemos o porquê dessa corrida por capacitação, mas como as empresas têm feito isso? Quais são as principais deficiências dos líderes apontadas pelas organizações – na prática, pelos funcionários – que estão empacando a gestão de pessoas e prejudicando o clima organizacional? E quais são os tipos de treinamento usados hoje pelas empresas para alcançar esse objetivo? Há diferença na forma como se desenvolvia os líderes em 1997 e hoje?

Algumas respostas explicam outras. As principais lacunas apontadas pelos gestores que responderam ao nosso Relatório de Tendências estão voltadas (adivinha?) à gestão de pessoas. No gráfico abaixo, você pode observar os principais pontos que os líderes devem desenvolver a partir do olhar dos gestores de recursos humanos:

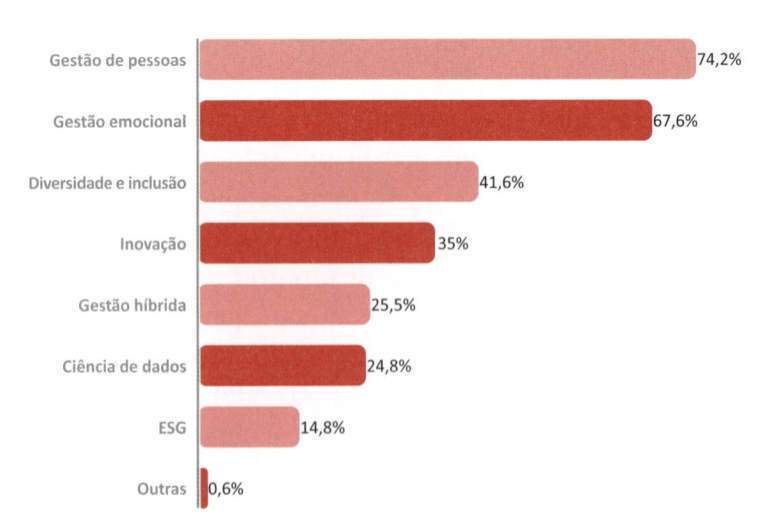

Gestão de pessoas	74,2%
Gestão emocional	67,6%
Diversidade e inclusão	41,6%
Inovação	35%
Gestão híbrida	25,5%
Ciência de dados	24,8%
ESG	14,8%
Outras	0,6%

Vale lembrar que essa não é a pesquisa que dá origem ao ranking das Melhores Empresas para Trabalhar e, dentre os respondentes, temos um universo de empresas de diferentes níveis de maturidade: algumas certificadas, outras ranqueadas e muitas ainda que não participam de nossas pesquisas. Sendo assim, há uma boa parcela de gestores nos primeiros estágios de liderança que não evoluíram na mesma proporção dos líderes das Melhores Empresas para Trabalhar no Brasil.

De toda forma, fica evidente que os principais pontos a serem desenvolvidos na liderança hoje estão relacionados às habilidades comportamentais (*soft skills*), e não às habilidades técnicas (*hard skills*). Até porque, como observamos nas características do líder *for all*, são as suas habilidades comportamentais e a sua forma de nutrir relacionamentos (mais do que sua bagagem técnica e experiência profissional) que fazem a diferença no engajamento das pessoas e, consequentemente, na produtividade dos times. Mas, na prática, será que é dessa forma que as empresas estão investindo no desenvolvimento da sua liderança? Pela nossa análise, ao longo desses 25 anos, parece que não.

Na primeira edição da nossa pesquisa não se buscou evidências de como as organizações desenvolviam os seus líderes. Ao longo dos anos, foi se aprimorando a busca de informações sobre esse processo, mas nossa própria abordagem trazia uma conotação mais técnica ao buscar quais ferramentas as organizações utilizavam para desenvolver seus líderes. Queríamos saber se a empresa bancava ou oferecia cursos para suas lideranças em universidades e escolas reconhecidas, normalmente para que eles adquirissem um diploma de MBA ou especialização *lato sensu* em diversas áreas de conhecimento relacionadas à gestão de negócios.

Os primeiros dados mais consistentes foram obtidos em 2006, justamente no aniversário de 10 anos do primeiro ranking. Já naquela ocasião a identificação dos potenciais líderes se fazia por meio das melhores *performances*, assim como é realizado atualmente ainda em muitas empresas. Ou seja, se o desempenho é resultado do *saber fazer* (conhecimento e habilidade) aliado ao *querer fazer* (comportamento), o fator preponderante para escolha é o preparo técnico. Algumas organizações utilizam a Matriz 9 Boxes para cruzar a *performance* (gestão de desempenho com base em objetivos, metas e indicadores) com a aderência às atitudes ou valores organizacionais, a partir de uma avaliação 360 graus, porém, de toda maneira, ainda prevalece o tecnicismo como critério de escolha dos futuros líderes – um ponto a que cabe uma vasta discussão atualmente, quando se discute (e se pede) um novo perfil para a liderança, menos técnico e mais humano.

Embora, a necessidade de uma liderança mais humana, que se aproxime mais das equipes e que não assuma o total controle do trabalho, podendo revelar sua vulnerabilidade, já seja percebida pelas organizações, na prática, as ferramentas utilizadas para o desenvolvimento de novos líderes se mantêm as mesmas, apenas a porcentagem de empresas que as utilizam é diferente.

	Ferramentas utilizadas pelas Melhores (em %)	
	2006	2021
Mentoring	29	84
Idiomas	77	74
Pós-graduação	77	83

Em 2006, o arsenal de ferramentas era ainda maior do que o de 2021, visto que as práticas de *shadowing* (ser acompanhado no dia a dia por executivos experientes) e a de projetos especiais e *assignments*, para permitir que o novo líder tenha oportunidade de assumir responsabilidades por uma tarefa com resultados claramente delineados, ambas com foco em aprendizagem, não são mais utilizadas.

De toda forma, permanece a prática de orientações de pessoas experientes para os futuros líderes por meio de *mentoring* e a de oferecimento de pós-graduação e de cursos de idiomas – apesar de serem informadas pelas empresas como formas de desenvolver a liderança, atuam mais no sentido de aportar novos conhecimentos técnicos às pessoas.

Assim, percebemos que, apesar de uma evolução significativa no perfil da liderança e na percepção dos funcionários sobre o papel do líder como gestor, as empresas ainda são pouco criativas quando se trata do desenvolvimento das lideranças. Elas ainda utilizam mais os mecanismos de aporte de conhecimentos e de habilidades por meio de cursos focados em idiomas e pós-graduação e menos na ampliação da capacidade de construir relacionamentos. Sabemos que o perfil do líder Super-Homem e da Mulher-Maravilha não funciona mais no atual mundo do trabalho, que pede relações mais próximas, humanas e verdadeiras. Para mudar totalmente essa chave, porém, levaremos um tempo. E isso passa por oferecer novos tipos de desenvolvimentos, que provoquem mais reflexões e descobertas e promovam mudanças na forma de liderar.

O CEO DAS MELHORES

Ao longo dos anos, sempre buscamos identificar o perfil do(a) principal executivo(a) da organização, o CEO. Nesse mergulho nos dados, identificamos, ao longo desse tempo algumas semelhanças e outras pequenas mudanças nas características do(a) líder número 1 da empresa. Em 2006, por exemplo, 43% da principal liderança das Melhores Empresas era oriunda do quadro de colaboradores. Em 2021, essa participação, ainda que timidamente, cresceu: hoje 49% dos CEOs foram formados dentro de casa.

Já em relação à faixa etária, tanto na 10ª edição como na 25ª, os CEOs mantiveram sua média de idade: 52 anos.

CEOs que vieram do quadro de colaboradores

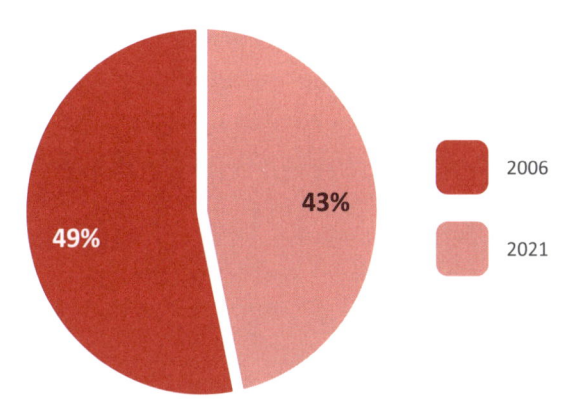

- 49% — 2006
- 43% — 2021

Em relação ao tempo de casa, 64% dos CEOs possuem 10 anos ou menos no cargo, segundo dados das Melhores 2021. Infelizmente, não temos essa comparação com a primeira e 10ª Edição.

Tempo do CEO no cargo, 25ª Edição (em %)

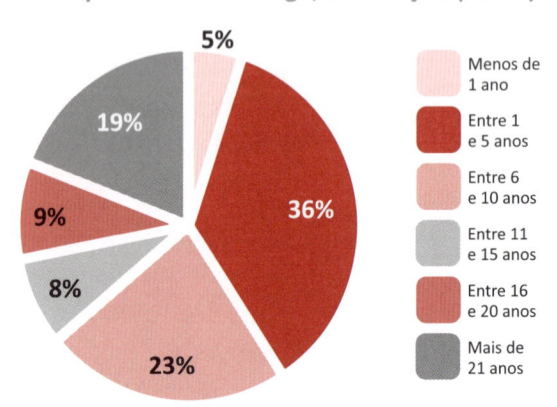

- 5% — Menos de 1 ano
- 36% — Entre 1 e 5 anos
- 23% — Entre 6 e 10 anos
- 8% — Entre 11 e 15 anos
- 9% — Entre 16 e 20 anos
- 19% — Mais de 21 anos

Faixa etária média dos CEOs das Melhores

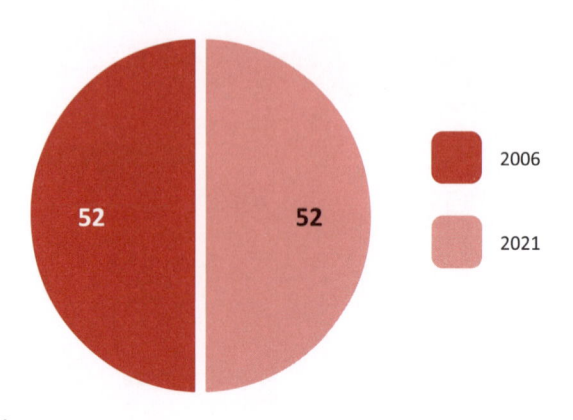

- 2006: 52
- 2021: 52

A formação do CEO sofreu alteração, mas apenas em relação à ordem de grandeza dos cursos. Em 2006 as três maiores concentrações de formação estavam nos cursos de Engenharia, Gestão de Negócios (Administração, Contabilidade e Economia) e Outros, com 34%, 33% e 20%, respectivamente. Em 2021 as três principais são as de Gestão de Negócios, Engenharia e Outros com 46%, 28% e 20% respectivamente, sendo que surgiu a de Tecnologia da Informação com 10% dos CEOs – essa formação não existia entre os estratos de 2006.

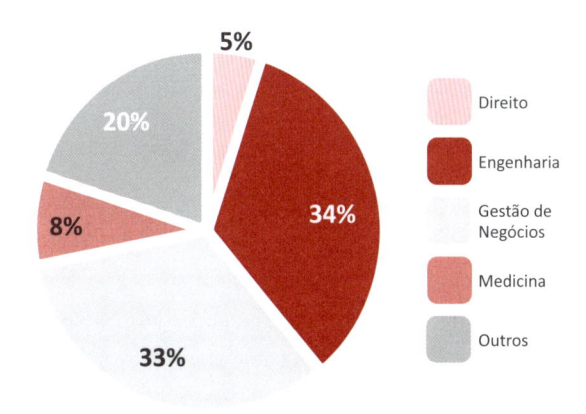

Formação dos CEOs, 10ª Edição

- Direito: 5%
- Engenharia: 34%
- Gestão de Negócios: 33%
- Medicina: 8%
- Outros: 20%

Formação dos CEOs, 25ª Edição

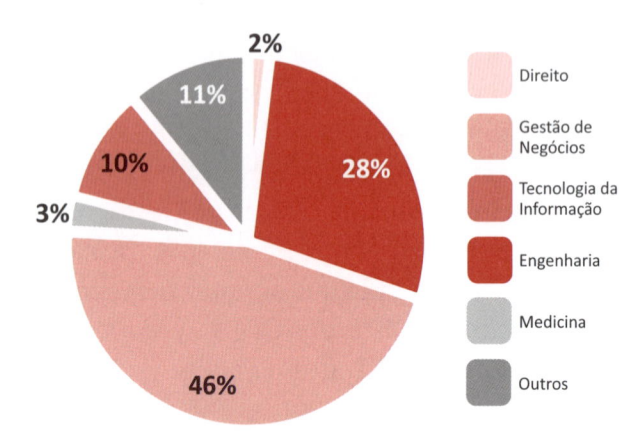

- Direito: 2%
- Gestão de Negócios: 46%
- Tecnologia da Informação: 3%
- Engenharia: 28%
- Medicina: 10%
- Outros: 11%

PRINCIPAIS CONCLUSÕES

- O perfil da liderança, de acordo com a Metodologia© GPTW®, evoluiu significativamente nos últimos 25 anos. Os líderes hoje estão mais próximos dos liderados e essa aproximação refletiu no aumento da média geral do estudo das Melhores – maior proximidade, maior confiança, e também o padrão de satisfação se tornou mais homogêneo entre todos os níveis hierárquicos.

- A liderança impacta diretamente na qualidade do clima organizacional e, consequentemente, nos resultados do negócio. Quanto mais desenvolvido é o líder, melhor é a experiência positiva vivenciada pelos seus funcionários.
- Hoje, conseguimos identificar os diferentes estágios de liderança (inconsciente, aleatório, transacional, bom líder e líder *for all*) e como essas características influenciam a percepção de um bom ambiente de trabalho e o engajamento das equipes.
- A capacitação da liderança aparece como principal prioridade na agenda de gestão de pessoas quando analisamos dados de mercado. Há uma necessidade de desenvolver habilidades mais comportamentais e melhorar a capacidade de construir relacionamento dos líderes. No entanto, quando analisamos a forma como as empresas vêm desenvolvendo suas lideranças, ainda nos deparamos com treinamentos que focam mais no aporte de ferramentas técnicas.
- Apesar disso, nota-se que os líderes desenvolveram, ao longo dos 25 anos, maior capacidade de estabelecer o Vínculo de Confiança. Pode-se inferir que a gestão do clima organizacional, com a busca constante da liderança de aprender com o *feedback* dos colaboradores, permitiu maior

reflexão e mais foco no desenvolvimento da Credibilidade, Respeito e Imparcialidade.
- O perfil do CEO, principal executivo(a) da organização, não mudou muito nos últimos 15 anos. Temos ainda mais homens, na faixa dos 52 anos e formados em Administração de Empresa, Engenharia e Economia. Percebemos um discreto aumento no número de CEOs que veio do quadro de funcionários – hoje, praticamente a metade deles é oriunda de dentro de casa.

REFERÊNCIAS

1. SCHEIN, E. H. *Organizational culture and leadership*. John Wiley & Sons, 2017.

2. *The impact of leadership style on organisational performance*. Disponível em: https://babington.co.uk/blog/leadership-management/leadership-style-organisational-performance/. Acesso em: set. 2022.

3. BUSH, M. C. *et al. A great place to work for all*. Primavera Editorial, 2017.

[

CAPÍTULO 8
A busca por um novo equilíbrio

Segundo principal motivo de permanência dos funcionários das melhores empresas, a qualidade de vida vem desafiando as organizações a criar novas práticas e oferecer benefícios e respiros para aliviar o volume de trabalho.

O QUE É QUALIDADE DE VIDA PARA VOCÊ?
Em geral, quando se fala em saúde, bem-estar e qualidade de vida no trabalho não há uma clara distinção na definição desses termos, e cada um deles é usado para explicar ou para definir o

outro. O conceito de bem-estar está relacionado à ausência de doença ou à ausência de experiências negativas e tem sido relacionado à ausência de estresse ocupacional, *burnout*, depressão, esgotamento e outros temas correlatos.[1,2]

O bem-estar no trabalho deve considerar a experiência cumulativa de afetos vivenciados pelo trabalhador e essa experiência é um construto multidimensional que engloba a felicidade, como a experiência subjetiva de realização e expressão pessoal, além de sentimentos em relação ao trabalho. Ainda mais, o bem-estar no trabalho consiste na percepção do indivíduo de que ele expressa e desenvolve suas habilidades e potenciais e avança no alcance de suas metas de vida a partir do seu trabalho. O ponto central, então, são as experiências positivas do trabalhador, as relações sociais, a autonomia e o controle do ambiente, o clima organizacional, a percepção de justiça, o suporte organizacional e a realização pessoal.[3]

Podemos, então, resumir que Qualidade de Vida é um conceito que inclui aspectos que contribuem para a saúde física, emocional, espiritual, mental, profissional e intelectual, pois, quando não geridos e tratados adequadamente, interferem na produtividade, na qualidade do trabalho realizado pelas pessoas e, em última instância, é, no extremo, uma mola propulsora para o *burnout* dos funcionários.

Assim, para nós do GPTW®, a Qualidade de Vida é medida a partir de fatores que contribuem para o melhor equilíbrio dos vários papéis que desempenhamos e para se ter um ambiente psicológico e emocionalmente saudável para se trabalhar. Para melhor entendimento, vamos segmentar a Qualidade de Vida em:

- instalações, recursos, equipamentos e local seguro para se trabalhar;
- equilíbrio entre os vários papéis que desempenhamos na vida;
- local psicológico e emocionalmente saudável para se trabalhar.

Vale também resgatar dois gráficos já apresentados, só que dessa vez analisando somente um dos fatores de permanência: a Qualidade de Vida. Tanto em 2006 quanto em 2021 esse critério aparece como segundo principal motivo de permanência na empresa, de acordo com os funcionários das Melhores. Em 2006, seu destaque era um pouco maior, já que não tínhamos ainda a resposta "alinhamento entre os valores pessoais e organizacionais" como opção.

Principal motivo que me faz permanecer na empresa
(em frequência de escolha)

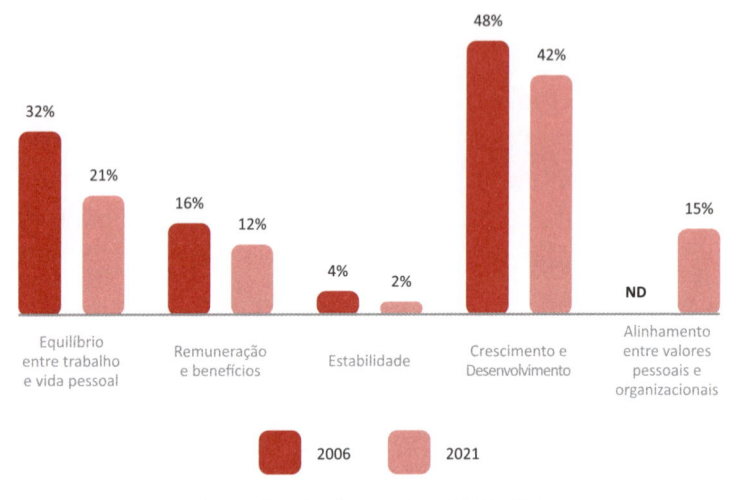

Motivo	2006	2021
Equilíbrio entre trabalho e vida pessoal	32%	21%
Remuneração e benefícios	16%	12%
Estabilidade	4%	2%
Crescimento e Desenvolvimento	48%	42%
Alinhamento entre valores pessoais e organizacionais	ND	15%

ND = Dados não disponíveis na Edição 2006

Nota-se, quando se analisa o nível de satisfação de quem optou pelo fator de qualidade de vida, que a média de satisfação cresceu 3 pontos percentuais de 2006 para 2021, ou seja, evoluiu. Essa é só uma pista do quanto esse tema passou a ser relevante no atual mundo do trabalho, trazendo consequências diretas para a gestão de pessoas das organizações.

Motivo de permanência *versus* satisfação com o clima (em %)

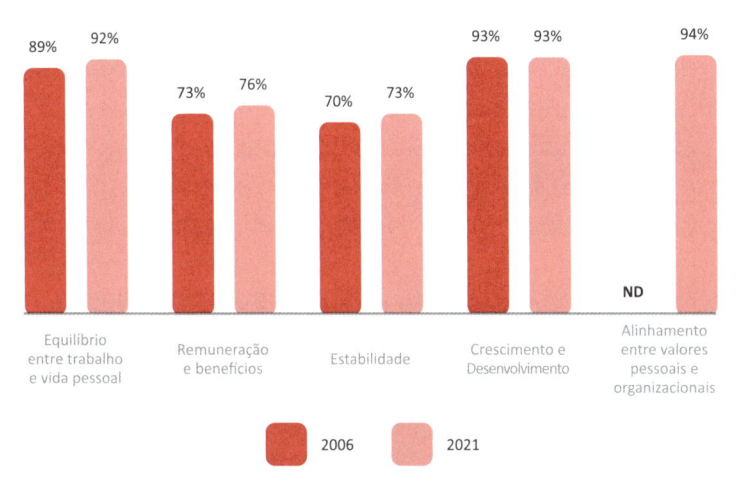

Equilíbrio entre trabalho e vida pessoal	Remuneração e benefícios	Estabilidade	Crescimento e Desenvolvimento	Alinhamento entre valores pessoais e organizacionais
89% / 92%	73% / 76%	70% / 73%	93% / 93%	ND / 94%

■ 2006 ■ 2021

ND = Dados não disponíveis na Edição 2006

UM AMBIENTE SEGURO PARA TRABALHAR

Você já trabalhou em uma organização em que as instalações não eram adequadas? Em que o local era inseguro para se trabalhar? Em caso afirmativo, será fácil entender que o ambiente físico tem um impacto na satisfação dos funcionários.

Um indivíduo que não tenha uma infraestrutura mínima necessária para executar as suas atividades não conseguirá atender às expectativas da empresa sobre o seu desempenho. Durante um tempo atuará na base do heroísmo, ou seja, se desdobrará para executar o que for de sua responsabilidade, mas não conseguirá suportar a falta de uma infraestrutura adequada durante todo o tempo. Esse, sem dúvida, será o melhor caminho para a fadiga e o esgotamento físico, mental e intelectual. Maslow, no início do século passado, já dizia que é impossível atingir a autorrealização sem atender, no mínimo, as necessidades anteriores (estima, sociais e segurança) e, especialmente, as básicas, que é base da pirâmide da Hierarquia das Necessidades – esse é o primeiro degrau da satisfação e motivação dos funcionários.[4] E se esse assunto parece *démodé* é porque muitas pessoas esquecem que o Brasil não é a Berrini, a Faria Lima, a Barra da Tijuca ou Porto Digital. O Brasil é gigante e há inúmeras organizações que precisam olhar para o básico e oferecer o conforto ideal para que o colaborador produza. Essa premissa vale tanto para o mundo físico quanto para o virtual. Durante o período de maio a dezembro de 2020, eu conversei com mais de 50 líderes de recursos humanos de empresas de diferentes setores, e a primeira preocupação de todos – quase todas as organizações certificadas pelo Great Place to Work – foi a segurança do seu time. Não importava se tinham uma prática de *home office* já estruturada ou minimamente encaminhada, não importava se o negócio iria patinar num primeiro momento, a preocupação primordial era proteger as pessoas. Em segundo lugar, após a migração às pressas de times inteiros e trabalho dobrado de equipes de TI para fazer tudo e todos se conectarem remotamente, a preocupação era justamente com as instalações dos funcionários. Sim, pois num primeiro momento ninguém sabia se aquela história iria durar quinze dias, um mês ou a eternidade. À medida que o cenário foi ficando mais severo e a hipótese de retorno mais longínqua, as empresas começaram a enviar cadeiras para os funcionários e outros equipamentos para garantir o mínimo conforto para o trabalho. A própria discussão sobre o retorno ao modelo presencial ou híbrido levou em conta – na maioria das vezes – as condições de trabalho dos seus funcionários. Uma pesquisa feita pelo Great Place to Work em parceria com a Bynd em setembro de 2021 revelou que 67,7% dos entrevistados ouviram seus funcionários sobre a possibilidade de retorno ao trabalho presencial. Daqueles que fizeram a pesquisa com os colaboradores, 64,7% disseram que o time dava preferência ao trabalho híbrido, 16,4% preferiam o *home office* eternamente e apenas 11,3% votaram pelo retorno 100% ao modelo presencial. Neste último caso, sabemos que um dos motivos principais por essa preferência é justamente o fato de ter uma infraestrutura e conforto no escritório melhor que a de casa.

Felizmente, as Melhores Empresas, desde a primeira edição, evoluíram significativamente em relação aos aspectos que envolvem segurança no ambiente de trabalho. Notamos que as médias das afirmativas do quadro abaixo ultrapassaram a barreira dos 90% em 2021.

Afirmativa	Média (em %)			Δ (em pontos percentuais) ([2] − [1])
	1997 [1]	2006	2021 [2]	
Eu recebo os equipamentos e recursos necessários para realizar meu trabalho	88	87	94	+ 7
Este é um lugar fisicamente seguro para trabalhar	87	88	96	+ 8
Nossas instalações contribuem para um bom ambiente de trabalho	86	87	94	+ 8

EQUILÍBRIO ENTRE VIDA PESSOAL E PROFISSIONAL?

O conceito qualidade de vida é um dos que mais vem impactando a gestão de pessoas nesses 25 anos. Como já pincelamos no primeiro capítulo, a relação com o trabalho mudou e, nessa moeda de troca entre empresa e funcionário, entram outros elementos além do salário. Entram a flexibilidade, a liberdade, a autonomia; em resumo, entra o tempo. As pessoas hoje querem ser mais senhoras do seu tempo para se divertir, relaxar, dormir bem, fazer exercício, se alimentar e, claro, também trabalhar.

E nesse contexto atual até a expressão "equilíbrio entre vida pessoal e profissional" começa a ser colocada em xeque. Afinal, a vida é apenas uma e cada vez mais as melhores empresas vêm encorajando que as pessoas sejam elas mesmas no trabalho, revelando toda a sua identidade. Ainda usamos, é fato, essa expressão que, no fundo, significa qualidade de vida (uma única vida) para identificar quanto as organizações vêm evoluindo nessa transição de conceito. Percebemos, assim, que as Melhores Empresas para Trabalhar ganharam muitos pontos nesse importante pilar da gestão de pessoas. Atualmente a média geral da afirmativa que trata desse tema cresceu de maneira significativa – 14 pontos percentuais. A partir de 2003 foi incluído um enunciado que trata da possibilidade do indivíduo se ausentar do trabalho, quando necessário, para tratar de assuntos pessoais e, quando se comparam as edições 2006 e de 2021, houve uma evolução de 6 pontos percentuais.

Afirmativa	Média (em %)			Δ (em pontos percentuais) ([2] − [1])
	1997 [1]	2006	2021 [2]	
As pessoas são encorajadas a equilibrar sua vida profissional e pessoal	74	68	88	+14
Posso me ausentar do trabalho quando necessário	ND	86	92	ND

ND = Dados não disponíveis na Edição 1997
Afirmativa incluída em 2003

Além das instalações e das condições adequadas de trabalho, o que está mais em jogo hoje no aspecto qualidade de vida é esse tempo investido na relação. Se antes havia o tempo para o trabalho e o tempo para a diversão e hoje isso está tudo misturado, é preciso saber exatamente se essa união está equilibrada e favorável ao estilo de vida escolhido ou se o trabalho está dominando ainda parte das 24 horas e, com isso, abafando outros papeis (o de pai, mãe, filho, amigo, maratonista, leitor, cozinheiro, jogador de xadrez ou de futebol amador). E esse tempo tão precioso que buscamos vem sendo, sim, investido de forma maior – talvez um pouco maior que gostaríamos – no trabalho. Essa situação é causada por alguns aspectos, tais como:

- A riqueza gerada por funcionário aumentou. Por exemplo, de 1997 para 2006, esse indicador evoluiu 16%, enquanto o quadro de funcionários cresceu 6%. Já de 2006 para 2021, a riqueza cresceu 6% e o número de funcionários diminuiu 5%. Grosso modo, a grandeza dos números indica que houve aumento da produtividade nas Melhores Empresas ou maior volume de trabalho *per capita*, conforme apresentam as tabelas da página seguinte.

	Em %	
	De 1997 para 2006	De 2006 para 2021
Crescimento da riqueza gerada por funcionário (faturamento bruto em US$ dividido pelo número de empregados)	18	6

	Em %	
	De 2005 para 2006	De 2020 para 2021
Evolução do quadro de funcionários	6	- 5

- O maior volume *per capita* de trabalho, sem considerar melhorias relacionadas aos sistemas produtivos advindas da tecnologia, indica que dedicamos mais horas de trabalho além da jornada normal para cumprir as nossas responsabilidades.
- Atualmente, a pressão por resultados é maior que no passado, portanto fazer mais (resultados) com menos (custo) é o lema de qualquer empresa que busca maior competitividade.

Bem, a equação composta por todas as variáveis expostas traz um resultado negativo para o ambiente de trabalho de qualquer empresa. O desequilíbrio de tempo (ou entre a vida profissional e pessoal) gera estresse e inevitável somatização dele em doenças, conflitos interpessoais, tornando o ambiente "pesado", e estende a jornada de trabalho facilmente para 12 a 14 horas diárias.

Apesar desse cenário de maior pressão, mais tempo de dedicação ao trabalho e mais estresse, a percepção dos funcionários que participam das nossas pesquisas é que as empresas estão melhores quando analisadas sob o aspecto Qualidade de Vida. Como isso é possível ou o quê elas têm feito para encorajar melhor equilíbrio de vida, ainda que tenham metas mais agressivas para bater, times mais enxutos e uma competição mais acirrada no mercado?

A resposta está na escuta ativa dos funcionários e em criar práticas e formas inovadoras (e às vezes até inusitadas) que correspondam às suas necessidades para atenuar esse desequilíbrio. A seguir, algumas dessas práticas que foram incorporadas ao cardápio das Melhores ao longo do tempo.

Práticas mais comuns utilizadas nas Melhores	% das Melhores 2021 que utilizam as práticas	Práticas existiam em 1997?	Práticas existiam em 2006?
Licença sabática (não remunerada)	40	Não	Não
Licença remunerada	37	Não	Não
Day off	62	Não	Sim
Horário flexível	91	Não	Sim
Home Office	96	Não	Sim
Compensação de horas	91	Não	Sim

A licença sabática não remunerada e a licença remunerada são práticas que possibilitam ao indivíduo buscar uma descompressão da jornada contínua de médio e longo prazo. Já as demais possuem foco no curto prazo. O *day off* é outra prática que passa a ser mais utilizada pelas empresas, inclusive em algumas é usada como reconhecimento por um esforço extra ou por um bom trabalho. Um fator crítico para o sucesso desse mecanismo é a cultura organizacional – ainda há regras não escritas que dizem que jamais uma pessoa deve se ausentar do trabalho numa sexta-feira ou até numa segunda-feira.

O horário flexível é uma prática mais comum entre as empresas, visto que possibilita que o funcionário que saia mais tarde em um dia de trabalho chegue mais tarde no dia seguinte ou que, pelo menos, evite os horários de pico de trânsito ou ajuste sua jornada para tratar de algum assunto pessoal.

O *home office*, que era uma prática mais utilizada por empresas de tecnologia e computação ou por profissionais em atividades mais independentes nos primórdios das Melhores, democratizou-se em razão da pandemia de covid-19, pois 96% dos excelentes lugares para trabalhar utilizam esse modelo de trabalho. Uma pesquisa realizada em 2021 pela Fundação Dom Cabral em parceria com a Grant Thornton Brasil e a Emylon Business School indica que 60% dos entrevistados afirmaram ser mais produtivos ou significativamente mais produtivos em *home office*, mas, em contrapartida, 24% relatam maior volume de horas trabalhadas.[5] Ou seja, o que é um remédio pode se transformar em veneno. Muita coisa ainda precisa ser discutida para os próximos passos para a utilização mais plena do *home office*, inclusive em relação à infraestrutura disponibilizada pelas empresas para que seus funcionários tenham instalações, recursos e equipamentos adequados a tal prática de trabalho.

A compensação de horas possui várias características no universo das Melhores. Vai desde a aplicação de uma jornada estendida durante a semana para completar as 220 horas mensais, conforme previsto na Consolidação das Leis do Trabalho (CLT), até, em alguns casos, a dispensa de tal obrigação. Há também as famosas pontes de feriados, que são compensadas durante um período para permitir às pessoas um tempo de descanso pontual para descompressão e maior qualidade de vida.

Outro recurso utilizado pelas Melhores Empresas para Trabalhar é o banco de horas. Apesar de ser uma ferramenta que vem ganhando espaço nas empresas, ele precisa ter um "gatilho de tempo" que garanta ao funcionário, caso não consiga gozar dias de folga num prazo pré-estabelecido (normalmente, trimestre), quer seja por dificuldade de trabalho quer seja por imposição do líder, receber as horas alocadas como extras. De todo modo, vale dizer que esse recurso deve ser realizado via regras legais.

Outras práticas com foco em saúde, tais como ginástica laboral, *quick massage*, aulas de yoga e alongamento, *mindfulness*, entre outras, auxiliam a construir a percepção de que a empresa está preocupada com o corpo e a mente de seus funcionários. Há também práticas realizadas fora do expediente e de maneira coletiva, no entanto alguns indivíduos preferem utilizar esse período do dia para estar junto aos familiares. Tudo isso traz benefícios para o ambiente de trabalho. Infelizmente, não temos dados para verificar a eficiência dessas práticas e a diminuição do absenteísmo nas organizações ou afastamentos por doenças causadas por estresse – o fato é que as empresas brasileiras gastaram cerca de 100 bilhões de reais com acidentes de trabalhos e afastamentos por doenças ocupacionais em levantamento realizado por órgãos públicos.[6] Cabe afirmar que esse problema, que acomete a grande maioria das empresas em qualquer parte do mundo, pode não ter uma solução a curto e médio prazo, porém as organizações devem tratá-lo e buscar formas de atenuar tal desequilíbrio com responsabilidade compartilhada entre líderes e liderados – essa atitude indica o respeito mútuo entre pessoas.

SAÚDE MENTAL: IMPOSSÍVEL IGNORAR

Tema que entrou para valer um pouco antes da pandemia e foi potencializado após nosso tempo de confinamento, a saúde mental era um assunto não só ignorado pelas empresas na década de 1990 e início dos anos 2000, mas também, muitas vezes, tratado com menosprezo ou preconceito. No final de 2001, por exemplo, quando trabalhava como repórter na revista *Exame*, escrevi uma reportagem sobre depressão entre executivos. Foram uns dois meses de apuração, estudo e entrevistas com psicólogos, psiquiatras, laboratórios farmacêuticos e, claro, os executivos que sofriam (ou sofreram) da doença. Todos os depoimentos que colhi para essa reportagem – com exceção de um – foram dados sob a condição de anonimato. Havia vergonha em assumir, no mundo corporativo, transtornos, como depressão, ansiedade, estresse e *burnout* (este último ainda muito pouco divulgado). Os motivos eram vários:

- líderes precisavam mostrar uma imagem de herói, e doenças "psicológicas ou mentais" eram demonstração de fraqueza;
- a falta de informação sobre esses distúrbios e a dificuldade em obter diagnósticos;
- o preconceito da sociedade.

Era comum ouvir das pessoas que o tratamento para essas doenças era dar mais trabalho para se ocupar. Ainda assim, a Organização Mundial de Saúde (OMS) já alertava, naquela época – mais de vinte anos antes – que a depressão seria o mal do século e iria acometer milhares de pessoas no mundo, afastando muitos trabalhadores de suas funções e levando uma boa parcela da sociedade a cometer suicídio.

A história se concretizou:[7]

- mesmo antes da pandemia, as doenças mentais já respondiam por mais de 15% dos problemas de saúde do mundo, mais que todos os casos de câncer juntos, perdendo apenas para doenças cardíacas;
- globalmente, 1 em cada 5 funcionários apresenta algum grau de desequilíbrio psicossocial;
- no Brasil, saúde mental já era a principal causa de afastamento do trabalho;
- sabemos que 20% da população tiveram, têm ou terão algum transtorno mental ao longo da vida; se considerarmos que passamos uma boa parte de nosso tempo ligados ao trabalho, os sintomas têm grande chance de se manifestar nesse ambiente – independentemente se este for presencial ou remoto;
- 75% dos casos de doenças mentais não são identificados, o que faz com o que os casos leves evoluam para moderados e destes para graves;

- dentre os casos identificados, 50% não são tratados ou têm o tratamento abandonado precocemente, o que acelera ainda mais os sintomas.

Dado esse cenário, que foi intensificado pela pandemia, o tema saúde metal entrou definitivamente para a agenda de gestão de pessoas. Segundo nosso relatório de Tendências de Gestão de Pessoas de 2022, 97,2% dos respondentes consideram a Saúde Mental dos profissionais um tema relevante, mas 80% admitiram que essa importância toda aconteceu somente após a pandemia. No ranking de prioridades do relatório, esse tema aparece em sexto lugar, à frente de assuntos como Diversidade & Inclusão, *Employer Branding*, Transformação Digital, Digitalização de Processos de RH, ESG e *People Analytics*.

Com a nova classificação da síndrome do *burnout* pela OMS como uma doença decorrente do trabalho – "estresse crônico de trabalho que não foi administrado com sucesso" – é bem provável que o tema ganhe ainda mais relevância no ambiente corporativo. Para combater esse problema, como já vimos acima, as empresas vêm investindo em mais práticas voltadas à qualidade de vida, atentas ao tempo de cada funcionário e ampliando os benefícios voltados a bem-estar. Mas isso apenas não basta. É preciso também investir no desenvolvimento da liderança – peça-chave na construção de ambientes saudáveis para trabalhar. Segundo a American Psychological Association, para 75% dos colaboradores o aspecto mais estressante do seu trabalho é interagir com seu chefe imediato.[8]

Muitos de nós podemos sentir que os vários papéis que desempenhamos na vida estão em desequilibrio, que estamos nos dedicando muito mais ao trabalho que à família, por exemplo, e sofrendo ainda pressão para entregar resultados em intervalos cada vez mais curtos. Esse é um quadro comum em qualquer organização – levante a mão quem nunca se sentiu sobrecarregado? A questão, portanto, não é *o quê* e sim *como* se cobra a entrega. E aí que entra o estilo de gestão e, claro, a responsabilidade da liderança. Líderes que cobram no grito, à base do controle e da ameaça causam danos psicológicos severos. Pior ainda quando entra um outro componente nessa relação: o medo de errar. Somos imperfeitos, portanto os erros acontecem e devemos aprender com eles. Nós do GPTW® utilizamos o conceito de erros não intencionais, ou seja, aqueles que ocorrem em razão da velocidade e pressão para a entrega dos resultados.

Afirmativa	Média (em %)			Δ (em pontos percentuais) ([2] − [1])
	1997 [1]	2006	2021 [2]	
Os gestores reconhecem erros não intencionais como parte do negócio	64	73	88	+24
Este é um lugar psicológica e emocionalmente saudável para trabalhar	75	77	85	+10

Os dados ao longo de 25 anos revelam uma maturidade maior nesse aspecto específico da relação (24 pontos percentuais), assim como na avaliação geral dos funcionários sobre o local em que trabalham do ponto de vista psicológico (10 pontos percentuais). Pode-se afirmar que, nas Melhores, a grande maioria dos líderes trata os erros não intencionais de maneira adequada, ou seja, abrem um canal de diálogo para entender como o erro ocorreu e criam mecanismos para que os processos de trabalho ou as situações que levaram à essas falhas não ocorram mais.

Novamente, não é o *quê*, mas o *como* é feito. É puro estilo de gestão e/ou de uma cultura organizacional.

COMO ESTÁ A QUALIDADE DE VIDA DO SEU TIME?

As organizações necessitam monitorar constantemente a qualidade de vida de seus funcionários, seja em relação a instalações, recursos, equipamentos e local seguro para se trabalhar, seja a forma como se cobram a velocidade e a entrega dos resultados e a maneira como os erros não intencionais são tratados. Além disso, há um mundo volátil, incerto, complexo e ambíguo (VUCA) e/ou frágil, ansioso, não linear e incompreensível (BANI) aliado à utilização massiva de tecnologia em que vivemos. Tudo contribui para a exposição das pessoas ao *burnout*. A exaustão emocional engloba sentimentos de desesperança, solidão, depressão, raiva, impaciência, irritabilidade, tensão, sensação de baixa energia, fraqueza, preocupação; aumento da suscetibilidade a doenças, dores de cabeça, náuseas, tensão muscular, lombalgia ou dor no pescoço e distúrbios do sono.

Assim, é preciso monitorar, de maneira constante, a qualidade de vida dos colaboradores.

PRINCIPAIS CONCLUSÕES

- A Qualidade de Vida é o segundo principal motivo de permanência dos profissionais que atuam nas Melhores Empresas para Trabalhar e a satisfação dos times com esse tema evoluiu desde a primeira edição da pesquisa.
- A produtividade aumentou nos excelentes lugares para se trabalhar e o número de funcionários não evoluiu na mesma proporção. Isso significa que os funcionários estão trabalhando mais. Para combater esse aumento no volume de trabalho, percebemos um incremento nos benefícios e programas de bem-estar e qualidade de vida das empresas, como a extensão das licenças-maternidade e paternidade, a oferta de *days off* e licenças sabáticas. Além disso, o balanceamento de atividades de maneira adequada entre os membros de uma área funcional auxilia na manutenção da qualidade de vida.
- A saúde mental, que nem era abordada na primeira edição da nossa pesquisa, entrou definitivamente para a pauta estratégica das organizações após a pandemia e com o alerta da

Organização Mundial de Saúde ao classificar o *burnout* como doença ligada ao trabalho.

- O *home office* veio para ficar, no entanto será necessário estabelecer bases mais adequadas para que as pessoas que usufruam dessa modalidade de trabalho tenham uma infraestrutura mais adequada e encontrem meios para equilibrar o volume de trabalho à sua vida.
- Percebemos uma mudança clara na valorização dos benefícios. Se no passado a remuneração era o que poderia mais fazer brilharem os olhos dos funcionários, hoje a flexibilidade e, mais ainda, o tempo é o benefício mais desejado no trabalho, único recurso escasso que não poderá ser recuperado. Estudos já traçam relações em menos horas de trabalho *versus* produtividade, mostrando que o tempo de dedicação não prejudica a entrega e ainda pode envolver menor custo de mão de obra.

REFERÊNCIAS

1. KAHN, R. L.; BYOSIERE, P. Stress in organizations. Em: DUNNETE, M. D.; HOUGH, L. M. (Orgs.). *Handbook of industrial and organizational psychology*. Consulting Psychologists Press, p. 571-650, 1992.

2. MASLACH, C.; JACKSON, S. *Maslach Burnout Inventory Manual*. Consulting Psychologists Press, 1986.

3. RYFF, C. D. Happiness is everything, or is it? Explorations on the meaning of psychological well-being. *Journal of Personality and Social Psychology*, Washington, v. 57, 1989, p. 1069-1081.

4. MASLOW, A. H. *A Theory of Human Motivation*. BN Publishing, 2017.

5. Produtividade aumenta entre profissionais em home office, mas bem estar está em queda. G1, 06 maio 2021. Disponível em: encurtador.com.br/kACE4. Acesso em: set. 2022.

6. SMARTLAB. *Observatório de Segurança e saúde no trabalho*. Disponível em: https://smartlabbr.org/sst. Acesso em: set. 2022.

7. SHIOZAWA, Pedro. *Minds Matter: uma abordagem científica de saúde mental para gestão e negócios*. Primavera Editorial, 2021.

8. ABBAJAY, Mary. What to do When You Have a Bad Boss. *Harvard Business Review*, 2018. Disponível em: https://hbr.org/2018/09/what-to-do-when-you-have-a-bad-boss. Acesso em: set. 2022

CAPÍTULO 9

Employee Experience (EX): que seja eterno enquanto dure

No lugar de estruturar planos de carreira de longo prazo, o foco passou a ser promover a melhor experiência para o colaborador – do início da jornada (seleção) ao final (despedida).

É IMPOSSÍVEL FALAR SOBRE TRANSFORMAÇÕES nas relações de trabalho sem falar de *employee experience*. Também usado na tradução para o português – experiência (ou ainda jornada) do colaborador – esse conceito vem moldando uma nova forma de se relacionar com os funcionários, provocando mudanças em muitas práticas de gestão de pessoas e impactando diretamente o engajamento e a percepção do que é um bom lugar para trabalhar. Afinal, num mundo em que as pessoas ficam menos tempo nos seus empregos, o que conta não é mais a lealdade, os anos de casa e um plano de carreira estruturado e de longo prazo, mas que tipo de experiência se vive naquela empresa e como essa experiência contribui para o desenvolvimento e senso de realização desse funcionário.

Mas exatamente o que significa *employee experience* e como as melhores empresas vêm trabalhando nessa jornada de ponta a ponta?

Primeiro, vamos abordar o que é experiência.

> **experiência**[*]
> **substantivo feminino**
> ato ou efeito de experimentar(-se)
> [...]

---

[*] HOUAISS. Experiência (verbete). Disponível em: l1nq.com/vOKKo. Acesso em: set. 2022.

> **2** (FIL) qualquer conhecimento obtido por meio dos sentidos;
> **3** forma de conhecimento abrangente, não organizado, ou de sabedoria, adquirida de maneira espontânea durante a vida; prática ‹viveu muito, tem muita e.›
> [...]

A experiência, portanto, é o sentir e o viver, ou ainda experimentar a vida ou sentir a vida. Sendo o trabalho parte da vida, é fundamental que essa experiência aconteça – e seja sentida e vivida – no ambiente organizacional, como mostramos abaixo:

- a vida é um conjunto de experiências, com início, meio e fim: se a maioria delas for positiva, pode-se afirmar que o indivíduo estará em estado de felicidade, contentamento ou bem-estar;
- a *Employee Experience* (EX) ou Jornada do Colaborador é construída a partir de experiências positivas que levam ao estado de felicidade;
- as empresas podem oferecer experiências positivas para seus funcionários para permitir o bem-estar e um estado de felicidade.

A experiência positiva leva ao estado de felicidade.

> **felicidade**[**]
> **substantivo feminino**
> **1** qualidade ou estado de feliz; estado de uma consciência plenamente satisfeita; satisfação, contentamento, bem-estar
> [...]

Ligando um sentimento a outro, podemos dizer que a *Employee Experience* (EX) leva o colaborador à felicidade pessoal e profissional e isso acontece em todas as fases da sua vida na empresa.

> *Employee Experience* – EX é o conjunto das experiências e emoções que os colaboradores acumulam, ao longo do tempo, durante toda a sua jornada e em todos os micromomentos na empresa, como, por exemplo, recrutamento, seleção, *onboarding*, treinamento, avaliação de desempenho, metas, *feedback* e encarreiramento. Em paralelo, as empresas buscam desenvolver e aplicar estratégias, métodos

---

[**] HOUAISS. Felicidade (verbete). Disponível em: l1nq.com/kIJou. Acesso em: set. 2022.

e ferramentas de *Employee Experience* para que as experiências dos colaboradores se traduzam em sucesso para eles e também em resultados para a organização.[1]

Embora esse conceito pareça ser mais contemporâneo, nossa metodologia já contemplava aspectos dessa jornada desde seu embrião. As pesquisas e entrevistas de Levering, mesmo antes da publicação de seu *best-seller*, já identificavam que o trabalho – para as pessoas que enxergavam suas empresas como excelentes lugares – tinha um sentido diferente, o que chamou de GiftWork©.

GiftWork©?

Vamos lá. Levering afirmava que existia dois tipos de relações com o trabalho: o transacional ou o mercantilista e o trabalho como fonte de realização pessoal e profissional.

No primeiro caso, a ocupação é a fonte de subsistência e só ela explica a razão de se estar naquela empresa – o comprometimento se resume ao que é depositado na conta corrente em forma de salário. O trabalho, para os indivíduos que possuem essa relação, é enfadonho, não leva a um sentimento de que se faz algo importante e não faz com que seus olhos brilhem. Logo, a pessoa que tem esse tipo de relação transacional sempre está insatisfeita e o trabalho é um castigo, não uma fonte de satisfação e motivação. Vale lembrar que a contrapartida financeira pelo trabalho realizado é importante (trabalhamos também para pagar boletos!), mas ela não pode ser um fim, e sim um meio.

Já a segunda relação é bem diferente, pois o trabalho leva à realização pessoal e profissional. O indivíduo oferece à empresa o seu melhor: dedicação, esforço extra, comprometimento e sentimento de que faz parte de algo importante. Ao final do dia, a sensação de dever cumprido gera realização pessoal e não apenas um livramento. Podemos dizer que essa pessoa oferece todo dia um presente para a empresa: o seu melhor trabalho. Daí a expressão GiftWork©!

Imagine você receber um presente sem qualquer motivo. O impacto é extremamente positivo e o primeiro desejo é querer retribuir o ato. Se fosse uma relação mercantilista, a pessoa que recebeu o presente ficaria ressabiada e preocupada – o que querem em troca? Já nessa relação de GiftWork©, o sentimento é de retribuição, seja do indivíduo que ofereceu seu melhor trabalho, seja da empresa que procurou criar um ambiente de excelência em relação ao clima organizacional. Esse é o conceito já definido por Levering em 1987. A *experiência positiva*, nesse caso de se receber um presente, gera uma *retribuição positiva*.

Ao longo dos anos, o Great Place to Work® aprimorou o conceito de GiftWork© e definiu que a experiência positiva (ou *Employee Experience*) do colaborador se construía em nove etapas diferentes a partir de sua admissão:

1. Contratar e Receber (acolher);
2. Inspirar;
3. Falar;
4. Escutar;
5. Agradecer;
6. Desenvolver;
7. Cuidar;
8. Celebrar;
9. Compartilhar.

O PAPEL DO LÍDER NA JORNADA DO COLABORADOR

Embora o início da jornada do colaborador aconteça até mesmo antes de ele entrar na empresa – fase de seleção –, todos os outros micromomentos acontecem na presença (e com grande foco) do líder direto. Já revelamos nos capítulos anteriores a importância da liderança na construção de um excelente ambiente de trabalho e de sua responsabilidade no engajamento e a na percepção positiva dos funcionários sobre a empresa em que trabalham. Resgatando aqui: o principal relacionamento que se constrói no ambiente de trabalho é o vínculo de confiança, e o primeiro passo nesse vínculo é dado pelo líder. Não seria nenhuma surpresa, portanto, falar que o gestor direto é o principal responsável por criar as melhores experiências para seus colaboradores.

O líder leva a organização a atingir seus objetivos quando *inspira* seus colaboradores, *fala* e *escuta* com sinceridade. As pessoas, por sua vez, irão fornecer o melhor de si quando há *agradecimento* pelo bom trabalho, percebem uma preocupação com seu *desenvolvimento* e um *cuidado* genuíno com seu crescimento e bem-estar. Seguindo a trilha da jornada, percebemos que os indivíduos trabalham em equipe quando a contratação tem o chamado "*fit* cultural", ou seja, trazemos para nossa empresa pessoas que revelam comportamentos e valores alinhados aos nossos e percebem uma recepção calorosa e integrada – não à toa, as empresas estão ampliando cada vez mais o período de *onboarding* e sofisticando seu pacote de boas-vindas. De acordo com o Relatório Employee Experience 2022, pesquisa desenvolvida pelo Great Place to Work que ouviu 1248 gestores (predominantemente da área de recursos humanos), 78,7% das empresas oferecem programas de *onboarding* aos seus funcionários recém-contratados. O período varia de empresa para empresa. Para a maioria (66%) o *onboarding* tem duração de até 1 semana; para 23,4% o tempo de aculturamento varia de 1 a 4 semanas e para quase 9% chega a durar entre 1 e 3 meses. Ainda segundo esse levantamento, 77,8% disseram oferecer kit de boas-vindas aos novos colaboradores.

 A *celebração*, por sua vez, também se mostra um ritual importante nessa experiência. Ao perceber que você é incluído nas comemorações importantes da organização, você sente que seu trabalho faz diferença e contribuiu para o sucesso final ou para a superação de algum desafio. Por fim, quando os líderes *compartilham* as boas-novas, os resultados e os ganhos obtidos, há o sentimento de retribuição pelo esforço e, como consequência, o comprometimento de todos os colaboradores.

Lembre-se: quando essa experiência é positiva, a reação será positiva. O contrário também é verdadeiro.

Assim, o GPTW denomina as nove etapas, construídas a partir do conceito de GiftWork©, de práticas culturais.

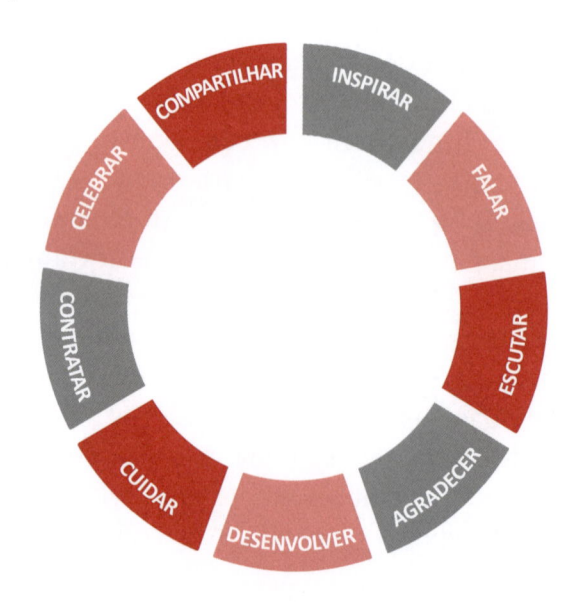

De certa maneira, essas práticas devem estar representadas no portfólio de políticas utilizadas para a gestão do capital humano. No entanto, devem demonstrar uma relação especial da empresa com os seus colaboradores: serem únicas, generosas, individuais, fiéis ao contexto da organização e abranger a todos.

O *Employee Experience* (EX) oferece ao funcionário uma experiência positiva em relação à sua jornada de trabalho dentro de uma organização e é uma forma de alavancar resultados da produtividade, do engajamento e da eficiência das pessoas. Um estudo da Accenture demonstra que investir ativamente na construção da EX garante uma *performance* 122% maior em relação às empresas do Standard and Poor's S&P 500 (índice com os 500 maiores ativos do mundo). Esse estudo também indica que as empresas com força de trabalho altamente engajada são 21% mais rentáveis que as empresas com baixo engajamento e que funcionários mais felizes e autoconfiantes são 12% mais produtivos.[2]

Como tudo tem um início e um fim, a EX começa ainda na fase de seleção e se encerra quando o funcionário sai da empresa. E essas duas pontas são fundamentais na criação de uma experiência completamente positiva. Pense nos candidatos que participaram do processo seletivo e não foram aprovados. Não é porque eles não foram escolhidos que vamos ignorar a experiência que tiveram com a empresa – afinal, isso impacta na minha reputação e na minha marca empregadora (*employer branding*), podendo comprometer a imagem da minha empresa na atração de futuros talentos. E isso também vale para o momento da despedida – e aqui temos ainda raros exemplos de maturidade corporativa. Passamos anos tentando "reter" talentos e nosso objetivo como líder era segurar os melhores profissionais como podíamos. Se o rompimento acontecesse, a cara feia se tornava inevitável. Mas na era da experiência, a retenção não tem vez. É preciso entender que o tempo na relação empresa *versus* funcionário é finito – ou parafraseando Vinicius de Moraes, que ele seja infinito enquanto dure. Seja essa duração de 2 anos, de 5 anos ou de 20 anos. Uma hora, o rompimento será inevitável – e precisamos estar maduros (empresas e profissionais) para dizer adeus. Quando a empresa aprende a dizer adeus e – assim como investe no melhor kit de *onboarding* – prepara um coquetel de despedida para o profissional, a sua imagem também ganha um certo brilho, sua reputação cresce e esse talento que se despede vai embora com a experiência completa, pronto para espalhar sua história no mercado e, quem sabe, um dia retornar.

O *EMPLOYEE EXPERIENCE* NAS MELHORES EM 25 ANOS

Assim como percebemos uma evolução geral nas práticas das Melhores Empresas e na percepção dos funcionários sobre o ambiente de trabalho, os micromomentos que fazem parte da jornada do colaborador também são hoje mais bem recebidos pelos funcionários que há 25 e 15 anos. Em 1997 a média geral era de 79%; em 2006, de 81%; e em 2021, de 90%.

Práticas Culturais	Média (em %)			Δ (em pontos percentuais) ([2] − [1])
	1997 [1]	2006	2021 [2]	
Contratar e Receber	86	87	93	+7
Inspirar	80	83	91	+11
Falar	78	78	88	+10
Escutar	77	79	88	+11
Agradecer	64	71	76	+12
Desenvolver	73	73	86	+13
Cuidar	81	84	93	+12
Celebrar	80	85	92	+12
Compartilhar	79	77	87	+8

Nota-se que todas as práticas culturais são mais bem percebidas pelos colaboradores em 2021 que em 1997. Todas tiveram uma evolução significativa (≥7 pontos percentuais) da 1ª para a 25ª Edição das Melhores Empresas para Trabalhar. Pode-se inferir que os líderes atualmente constroem uma experiência mais positiva para seus colaboradores, desde a sua admissão até o momento de compartilhamento do sucesso da organização.

GESTÃO DO DESEMPENHO: PONTO CRUCIAL NA JORNADA DO COLABORADOR

Se na jornada do colaborador, as práticas falar, escutar, agradecer e desenvolver estão presentes, eu preciso tomar muito cuidado com dois pontos críticos dessa experiência: a gestão do desempenho, ou seja, como eu tenho realizado a avaliação de desempenho do meu colaborador, com que frequência e com quais critérios, e o processo de *feedback*, que vai muito além de uma conversa anual.

Para entender melhor, vamos primeiro contextualizar o que é o desempenho.[3] Basicamente, é o ato ou o efeito de cumprir ou executar determinada missão ou meta previamente traçada e é diretamente proporcional a duas condições do ser humano:

- o querer fazer explicitado pelo desejo endógeno de realização, ou seja, estar motivado;
- o saber fazer, que é a condição cognitiva e experiencial que possibilita ao indivíduo realizar com eficácia alguma coisa.

Resumindo, o desempenho está vinculado a um estímulo motivacional, o que faz com que a pessoa tenha a vontade de realizar algo, e só se realiza algo quando se possui conhecimento e habilidade para tal. Assim, estamos tratando de comportamentos ou atitudes (querer fazer) e de conhecimento e habilidade (saber fazer), ou da competência, que é o somatório de conhecimento, habilidade e atitude.

Pois bem, se o desempenho é o cumprimento de metas, objetivos e indicadores previamente definidos, só se atinge a *performance* desejada quando o funcionário tem os conhecimentos e as habilidade necessárias para cumprir o papel definido por meio de seu *job description*. Mas não é suficiente somente *saber fazer*, é necessário *querer fazer*. Desse modo, a gestão de desempenho deve avaliar o conjunto de conhecimentos, de habilidades e de atitudes do indivíduo.

A régua que permitirá às pessoas se compararem será a da gestão do desempenho. Em 1997 não solicitávamos às empresas informações sobre as práticas para gestão de desempenho. Somente em 2006 passamos a perguntar, dentro do processo de avaliação das políticas e práticas de gestão de pessoas, dados sobre como as organizações avaliavam a *performance* de seus colaboradores.

Em 2006, 76% das 100 Melhores Empresas informaram que avaliavam formalmente o desempenho dos seus funcionários, no entanto as ferramentas focavam somente comportamentos (39%), competências (13%) ou somente *performance* (32%). Apenas 16% das empresas utilizavam uma ferramenta que contemplava o saber fazer o e querer fazer (Matriz 9 – Boxes ou variações dela).

E, atualmente, como as Melhores fazem a gestão do desempenho?

Em 2021, 95% das 150 Melhores informaram que avaliam formalmente o desempenho dos seus funcionários. Os principais métodos de avaliação utilizados são os seguintes:

- Comportamentos (22%);
- Competências (26%);
- *Performance* (33%);
- Ferramenta que avalia o saber fazer e o querer fazer (18%) (Matriz 9 – Boxes ou variações dela);
- Outros modelos (1%).

A comparação dos dados 2006 com os de 2021 permite concluir que as Melhores utilizam menos as avaliações com foco somente em comportamentos (querer fazer) e mais naquelas que medem as competências, a *performance* e o saber fazer mais o querer fazer. Antes era 36%, hoje é 77%.

FEEDBACK

Na jornada do colaborador, desenvolver e medir seu desempenho é importante, mas também é relevante dar o *feedback* para os funcionários (falar e escutar), e não apenas como resposta à avaliação de desempenho, mas como um processo contínuo de desenvolvimento (pontos a melhorar) e reconhecimento (pontos a destacar). O *feedback* garante a reflexão do indivíduo sobre sua performance, além de dar pistas à sua projeção de carreira, quer seja uma promoção, uma mudança de área ou até uma expatriação.

Justamente por entender que quanto mais esse importante diálogo acontece, melhor a experiência do colaborador, a periodicidade dos *feedbacks* é um ponto que tem mudado ao longo dos anos. No passado, essas sessões eram mais pontuais, normalmente atreladas ao resultado da avaliação de desempenho e bastante espaçadas uma das outras – aconteciam uma ou duas vezes no ano. Hoje, os *feedbacks* nas Melhores Empresas são mais frequentes. Em 2006, por exemplo, 11% das empresas tinham sessões mensais, 13% trimestrais e 76% semestrais. Já em 2021, temos 2% das organizações com encontros semanais, 4% mensais, 16% trimestrais, 32% semestrais e 46% anuais.

Mais encontros formais para *feedback* sobre o desempenho contribuem não apenas para uma relação melhor e, consequentemente, para uma melhor experiência do colaborador, mas também para uma percepção mais satisfatória do clima organizacional. Desde meados de 2017 incluímos uma variável demográfica sobre a quantidade de sessões formais de *feedback* que os indivíduos tiveram no último ano.

O gráfico da próxima página demonstra que quanto mais sessões formais de *feedback* maior é o nível de satisfação do funcionário em relação ao clima organizacional.

Feedback versus satisfação com o clima organizacional

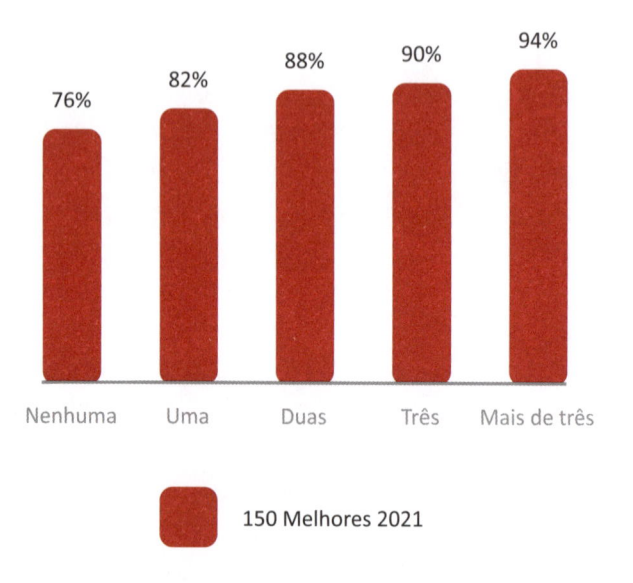

- Nenhuma: 76%
- Uma: 82%
- Duas: 88%
- Três: 90%
- Mais de três: 94%

■ 150 Melhores 2021

O *feedback*, portanto, não é fim, é meio. Quando o líder disponibiliza um tempo em sua agenda para se reunir com seu colaborador para tratar de sua *performance*, abre um canal de aproximação que permite a criação e o fortalecimento do Vínculo de Confiança, criando uma experiência positiva na relação.

PRINCIPAIS CONCLUSÕES

- *Employee Experience* (EX) é o conjunto das experiências e emoções que os colaboradores acumulam ao longo do tempo, durante toda sua jornada e em todos os micromomentos na empresa, como, por exemplo, recrutamento, seleção, *onboarding*, treinamento, avaliação de desempenho, metas, *feedback* e encarreiramento.
- Os pilares de sustentação do EX são as nove práticas culturais. Além disso, para atrair e manter os talentos será necessário também definir os *Employee Value Propositions* (EVP) ou a proposição de valores para os empregados. A nossa pesquisa já mede esses EVPS há quase uma década: os famosos motivos de permanência (conforme abordado no Capítulo 2).
- A liderança, mais uma vez, é a principal responsável por promover as melhores experiências ao seu colaborador – da porta de entrada à porta de saída.
- As empresas estão cada vez mais investindo em programas de *onboarding* e kits de boas-vindas, mas ainda falta amadurecer na última ponta da jornada: a despedida.

- Na era da experiência, a retenção não tem vez. O que vale hoje não é quanto tempo de empresa o funcionário acumulou, mas se ele tem vivido a melhor experiência de sua vida. Isso pode acontecer em 2, 5, 10 ou 20 anos.
- A organização atingirá seus objetivos a partir de um líder que inspire, mas que, sobretudo, se comunique de maneira mais eficaz com a sua equipe (*falar* e *escutar*), portanto, as sessões de *feedback* são cruciais na jornada do colaborador: quanto mais *feedbacks* o funcionário recebe ao longo do ano, melhor a percepção dele sobre o ambiente de trabalho.
- Isso vale também para a Gestão de Desempenho. Quando a empresa tem claros os seus critérios de avaliação e sinaliza para o funcionário sua *performance* – indicando os pontos a melhorar e reconhecendo os pontos fortes –, fica evidente o foco no desenvolvimento. Atualmente, 95% das melhores empresas avaliam formalmente o desempenho dos seus funcionários.

REFERÊNCIAS

1. MADRUGA, Roberto. *Employee Experience, Gestão de Pessoas e Cultura Organizacional. A Trilogia para atrair, engajar e desenvolver talentos.* Editora Atlas, 2021.

2. ACCENTURE Strategy. Repense a experiência do funcionário. Disponível em: l1nq.com/pvGMp. Acesso em: fev. 2021.

3. MARRAS, J. P. *Administração de Recursos Humanos.* Saraiva, 2009.

[

CAPÍTULO 10

Melhor para todos

De práticas de responsabilidade social a políticas que incluem metas e indicadores de contratação e promoção, a agenda Diversidade & Inclusão entra para valer entre as Melhores Empresas, mas os resultados ainda são tímidos.

UMA EXCELENTE EMPRESA PARA TRABALHAR deve ser excelente para *todos*. Foi a partir desse conceito que o Great Place to Work incluiu o *"for all"* à missão e passou a olhar de perto (e avaliar) as práticas voltadas à inclusão e à diversidade nas empresas. O tema parece até antigo, mas, na realidade, quando analisado de forma efetiva e estratégica, ele é bastante novo. Nos primeiros anos da nossa pesquisa, políticas voltadas à equidade e diversidade raramente faziam parte da agenda de gestão de pessoas. Na primeira edição de 1997, por exemplo, a nossa pesquisa identificava práticas de *responsabilidade social corporativa* e reconhecia as empresas que atuavam junto à sociedade, principalmente no entorno das comunidades em que estavam inseridas. Geralmente, as ações de responsabilidade social tinham um foco mais amplo e acabavam atingindo as pessoas menos favorecidas, mas sem um olhar para raça, gênero, idade, orientação sexual ou algum tipo de deficiência. Muitas das atividades se traduziam em estimular o voluntariado entre os funcionários e apoiar financeiramente ou por meio de trabalhos pontuais algumas instituições específicas (como asilos, lares para crianças, clínicas de reabilitação e igrejas). Podemos dizer que havia uma preocupação mais passiva ao oferecer ajuda ao mundo externo e menos ativa ao trazer esse mundo externo para dentro de casa. E talvez aqui esteja a grande virada que passamos a observar nas Melhores Empresas para Trabalhar quando falamos de Diversidade & Inclusão.

Se em 1997 as empresas agiam mais como apoiadoras de ações sociais, em 2006 já conseguíamos identificar uma preocupação diferente. Além da atuação social, passou-se a avaliar como os diferentes estratos que compõem a diversidade eram tratados no ambiente de trabalho, trazendo o foco para dentro da organização – e não mais apenas para as comunidades. É o primeiro passo para pensar no assunto dos muros para dentro da empresa. Finalmente, em 2021, as ações voltadas à diversidade e inclusão deixam de ser "apenas" uma responsabilidade corporativa e passam a ser um meio de responder ao chamado da sociedade e dos mercados que cobram hoje por ações mais afirmativas e efetivas das organizações, que incluam mais e segreguem menos. Essa nova política de diversidade faz parte da agenda ESG, uma filosofia que busca infiltrar critérios ambientais (*Environment*, em inglês), sociais (S) e de governança corporativa (G) nas decisões de negócios e que vem movimentando um volume gigantesco de dinheiro. Cerca de US$ 1 trilhão é o patrimônio de fundos com viés ESG no mundo, segundo dados da Morningstar no segundo trimestre de 2020; US$ 4,3 trilhões será o patrimônio de 2030 em projeção da PwC, que prevê crescimento do bolo de 26,8% ao ano, e US$ 30 trilhões é a quantidade de ativos relacionados direta ou indiretamente com alguma estratégia sustentável, conforme a XP Investimentos. No Brasil, os fundos existentes somam 1 bilhão de reais, de acordo com a Animba – esse é um montante que dobrou em um ano e meio.[1] E diversidade e inclusão fazem parte desse pacote todo pendurado no pilar S do ESG.

Portanto, não dá mais para ignorar esse assunto e tratá-lo como foi tratado no final de década de 1990 e início dos anos 2000, com pouco envolvimento. É preciso envolver as equipes e, principalmente, as lideranças nessa pauta e criar práticas eficientes nas organizações. E é isso que começamos a observar no grupo que faz parte das Melhores Empresas para Trabalhar. Atualmente, 93% dessas empresas, por exemplo, contam com algum responsável por combater a discriminação e promover a diversidade. Mais que dar respostas à sociedade, essas organizações já perceberam que tratar de diversidade e inclusão não é apenas um ato de justiça, mas também uma atitude inteligente que pode maximizar seus resultados organizacionais, dentre outros benefícios:

- maior produtividade e manutenção de talentos e aumento do engajamento dos colaboradores;[2]
- nas organizações em que a diversidade é reconhecida e praticada, a existência de conflitos chega a ser 50% menor que nas demais organizações;[3]
- empresas com maior diversidade de gênero têm 25% a mais de probabilidade de alcançar uma

lucratividade acima da média, quando comparadas a outras menos inclusivas, e as maiores diversidades étnica e cultural criam um ambiente em que o lucro é 36% maior do que aquelas com menor representatividade nessa área;[4]
- os consumidores escolhem as marcas preferidas em razão do impacto social positivo;[5]
- maior equidade leva a um ambiente 6 vezes mais inovador e colaborativo.[6]

Criar ações para promover mais diversidade no ambiente é, portanto, um caminho sem volta. Primeiro, porque é o certo a se fazer. Segundo, porque a sociedade (aqui incluímos os profissionais que estão em busca de emprego) e os mercados esperam essa atitude das empresas. Terceiro, porque traz mais inovação, criatividade, lucratividade. É um ciclo do bem: faz bem para mim, para o outro, para todos.

Para entender como esse tema foi avançando nas Melhores Empresas, vamos trazer algumas questões, percepções de funcionários e dados ao longo dos anos analisados.

AS MULHERES
E AS MELHORES

Temos orgulho de dizer que desde o início da nossa pesquisa buscávamos ações e práticas de empresas diferenciadas para as mulheres. Ainda não usávamos – nem o mercado – a expressão "equidade de gênero". O que queríamos entender era se alguma empresa levava em conta essa questão – mesmo sem nomeá-la dessa forma – e demonstrava algum senso de justiça nas práticas para os dois gêneros avaliados. O que colhíamos nos primórdios da pesquisa pode hoje não ser considerada uma prática diferenciada, nem mesmo satisfatória. Havia empresas que no dia 8 de março faziam uma comemoração específica; outras que incluiam palestras de saúde voltadas às mulheres e ofereciam mimos. Ao avançar alguns anos na pesquisa, as práticas sofreram incrementos. Creches passaram a ser incluídas no pacote de benefícios para mães, assim como salões de beleza, massagem e outros serviços. Pode até parecer perfumaria hoje, mas foram consideradas práticas diferenciadas, sim, para as funcionárias. Depois vieram as licenças-maternidade estendidas, aumento de flexibilidade no horário e, finalmente, as metas de contratação e promoção de mulheres para, efetivamente, alcançar-se a equidade no ambiente corporativo. Hoje, podemos dizer que a diversidade de gênero é o pilar mais maduro no guarda-chuva da Diversidade & Inclusão nas empresas, também porque foi o primeiro a ser discutido e levado a sério pelas organizações. Como resposta a esse movimento, temos hoje uma representatividade feminina maior nos quadros das Melhores Empresas para Trabalhar no Brasil e também nas lideranças, embora a diferença ainda exista, alertando que temos ainda um bom caminho a percorrer.

PARTICIPAÇÃO DAS MULHERES NOS DIFERENTES CARGOS NAS MELHORES EMPRESAS

	Total	Presidência e Diretoria	Média Gerência	Supervisão ou Gestão Operacional	Colaboradores
1997	35%	ND	ND	ND	ND
2006	42%	12%	22%	35%	37%
2021	42%	31%	34%	47%	44%

ND = Dados não disponíveis na Edição de 1997

IDADE

Nos últimos cinco anos (ou seja, algo bastante recente) temos observado um movimento mais forte das empresas em combater o etarismo, idadismo ou ageísmo. Sabemos que a nossa população está envelhecendo e boa parte evelhecendo bem, com disposição e preparo para prolongar seu tempo de dedicação ao trabalho. É preciso, portanto, mudar o comportamento e a mentalidade da sociedade e do mercado de trabalho em si que, historicamente, colocava uma barreira muito visível entre os mais jovens e os mais experientes. E em mais experientes, aqui, leia-se 45 anos para cima. Os dados abaixo, porém, têm forçado o mercado e as organizações a repensarem suas práticas e começarem a derrubar seus filtros e barreiras:[7]

- o segmento de mercado que mais cresce no mundo é o da população 60+;
- em 2030, o número de pessoas nessa faixa etária em todo mundo será de **1,4 bilhão;** os EUA terão 14 milhões a mais; o México terá 6 milhões a mais; o Reino Unido, 3 milhões a mais; a Índia, 50 milhões a mais e a China terá 113 milhões a mais;
- a Geração Silenciosa detém aproximadamente 1,3 vezes a quantidade de riqueza que os

Boomers, mais que o dobro da Geração X e 23 vezes a dos Millenials
- na China, aproximadamente **54 mil** pessoas por dia comemoram seu 60º aniversário; nos EUA, o número é de cerca de **12 mil**. Em todo o mundo, **210 mil**;
- algumas estimativas colocam o poder de compra dos consumidores grisalhos em **20 trilhões de dólares** em **2030**.

Esse tapa na cara da sociedade vem trazendo novas reflexões sobre o tema gerações. Se chegamos a falar em conflito de gerações, quando a Geração Y (nascidos entre 1980 e 1995) era o foco dos debates, estudos e pesquisas, hoje começamos a falar em complemento geracional. Um exemplo prático dessa nova filosofia das empresas é o aumento de programas que visam contratar pessoas mais experientes (50+) e a diminuição dos programas de preparação para a aposentadoria. Se antes as empresas preparavam seus talentos grisalhos para sair, hoje elas começam a convidá-los a entrar (ou voltar). Ainda temos poucos exemplos desse movimento no Brasil, mas à medida que os formatos de trabalho também mudam (e as possibilidades aumentam), é possível ver novas formas de agrupar essa parcela da população que foi, muitas vezes, "expulsa" prematuramente do mercado de trabalho. No exterior, a Boeing, a Michelin e a UPS têm trazido de volta os aposentados recentes durante os períodos de maior demanda. A BMW, por sua vez, descobriu que as equipes de trabalho que mesclam gerações se saem melhor quando se trata de gerar ideias e resolver problemas.

Temos ainda muito que amadurecer – com o perdão do trocadilho – nesse pilar da diversidade, mas já conseguimos ver um tímido avanço na nossa demografia quando comparamos as pesquisa de 2006 e 2021.

	2006	2021
	%	%
25 anos ou menos	32	22
Entre 26 e 34 anos	33	36
Entre 35 e 44 anos	25	28
Entre 45 e 54 anos	9	11
55 anos ou mais	1	3

ÉTNICO-RACIAL, LGBTQIA+ E PESSOAS COM DEFICIÊNCIA

Se a diversidade de gênero é a mais avançada na pauta das Diversidades nas empresas, os grupos que correspondem às pessoas com deficiência, pretos, homossexuais, bissexuais e trans são ainda os mais incipientes. Embora a Lei de Cotas para pessoas com deficiência no mercado de trabalho tenha mais de 30 anos, os desafios permanecem muito semelhantes ao início dos processos de contratação desses profissionais. Na pesquisa de 2021, dentre as Melhores Empresas para Trabalhar tínhamos 23.138 pessoas com deficiência, 4% do total dos funcionários. O mesmo desafio se volta para os outros grupos: étnico-racial e LGBTQIA+. Este último, numa pesquisa feita pelo Great Place to Work entre outubro de 2021 e junho de 2022, que contou com um universo de 14 mil colaboradores (dos quais 10% se autodeclararam LGBTQIA+), revelou-se o menos incluído quando analisados todos os grupos de diversidade (Idade, Gênero, Raça, Pessoas com Deficiência e Indígena). Segundo a pesquisa, 57% dos trabalhadores já escutaram algum tipo de piada ou comentário preconceituoso direcionado à comunidade LGBTQIA+: 9% afirmaram que escutam com muita frequência; 15%, com alguma frequência; e 33%, com pouca frequência. A pesquisa também revelou que dentre os colaboradores autodeclarados LGBTQIA+, cerca de 20% já sofreram algum tipo de discriminação, assédio ou intimidação na empresa, sendo o grupo que mais passa por essas situações.

Abaixo, dados dos representantes LGBTQIA+ nas 150 Melhores Empresas para Trabalhar 2021:

	2021
	%
Assexual	1
Bissexual	2
Heterossexual	82
Homossexual	4
Prefiro não responder	5
Não Identificado	6

E quando falamos da questão racial, também empacamos. Muito barulho aconteceu de 2020 para cá, com atos de violência nos Estados Unidos e no Brasil contra pessoas pretas, gerando manifestações, provocando ações afirmativas e criando uma expectativa da sociedade sobre um novo comportamento das organizações. Ele vem acontecendo, podemos assegurar. Muito mais empresas hoje nos consultam sobre práticas de diversidade, buscando orientação, *benchmark* e, principalmente, apoio para desenvolver suas lideranças nesse tema – mais uma vez o caminho da mudança de comportamento e hábito (portanto, da modelagem da cultura) passa pelo líder. Se quisermos incluir mais pessoas pretas, trans, gays, com deficiência, mulheres e 50+ (e desenvolvê-las), precisamos mudar o modelo mental da liderança que, por anos, criou um *checklist* de competências que excluía tudo que era diferente e valorizava todos que eram iguais.

É preciso dizer: isso vai levar algum tempo. Conseguimos observar, com base em nossa demografia, um aumento na representatividade de pessoas pretas e pardas nas organizações, mas, assim como o aumento que verificamos na população mais experiente, esse avanço é discreto.

	2006	2021
	%	%
Amarela	1	3
Branca	78	54
Indígena	1	1
Parda	16	26
Preta	4	7
Outros	ND	3
Não Identificado	ND	6

ND = Dados não disponíveis

Nós, do GPTW, por meio do nosso questionário *For All*, que busca identificar práticas que fomentem ações de Diversidade & Inclusão, temos não apenas reconhecido as empresas que estão olhando seriamente para esta agenda, com ações efetivas (Ranking Diversidade), mas também estimulado outras organizações a derrubar os preconceitos, estereótipos e criar práticas inclusivas, olhando para todos os grupos que representam a nossa sociedade.

A PERCEPÇÃO DO FUNCIONÁRIO

Embora o avanço seja entre tímido e moderado, podemos dizer que estamos caminhando na pauta Diversidade & Inclusão nesses 25 anos e que o funcionário, ali na ponta, percebe esse esforço da sua empresa. Em 1997 utilizamos duas afirmativas para medir a percepção dos funcionários sobre ser bem-tratado independentemente da cor ou etnia e do gênero – a evolução delas, ao longo dos 25 anos, foi de quatro pontos percentuais. Já a que trata de ser bem-tratado independentemente da faixa etária evoluiu de 2006 para 2021 6 pontos percentuais, e a evolução da que aborda a orientação sexual foi também de 6 pontos percentuais.

Assim, é possível observar que a diversidade é mais bem percebida pelos colaboradores em 2021 que em outras edições das Melhores Empresas para Trabalhar.

	Média (em %)			
Afirmativa	1997 [1]	2006	2021 [2]	Δ (em pontos percentuais) ([2] − [1])
As pessoas aqui são bem-tratadas independentemente de sua idade	[3]	91	97	ND
As pessoas aqui são bem-tratadas independentemente de sua cor ou etnia	94	95	98	+ 4
As pessoas aqui são bem-tratadas independentemente de seu gênero	93	94	97	+ 4
As pessoas aqui são bem-tratadas independentemente de sua orientação sexual	[4]	92	98	ND

[3] Afirmativa incluída a partir de 1998

[4] Afirmativa incluída a partir de 2003

ND = Sem comparação

De qualquer maneira, a percepção sobre a diversidade evoluiu menos do que a média geral das Melhores, considerando, por exemplo, a variação de 1997 a 2021: 11 pontos percentuais ou 9, se compararmos a 10ª edição à 25ª. Vale lembrar que as médias para as afirmativas que compõem o quadro acima já partiram de um patamar alto, ou seja, eram excelentes em 1997, 2006 e, portanto, continuam assim em 2021.

SER IMPORTANTE, NÃO IMPORTA SEU CARGO

Uma afirmativa que passa desapercebida na dimensão Imparcialidade e que também faz parte do tema diversidade é a de ser considerado importante independentemente da posição ocupada na organização (sim, *for all* significa também não ser discriminado pelo peso do crachá). Ela foi incluída na segunda edição das Melhores, de toda maneira temos a comparabilidade das médias de 2021 com 2006 – essa afirmativa evoluiu 9 pontos percentuais desde a 10ª edição.

Afirmativa	Média (em %)			Δ (em pontos percentuais) ([2] – [1])
	1997 [1]	2006	2021 [2]	
Eu sou considerado importante independentemente de minha posição na organização	[3]	81	89	ND

[3] Afirmativa incluída a partir de 1998

ND = Sem comparação

CANAL DE APELAÇÃO

A última afirmativa da dimensão Imparcialidade mede a qualidade do canal de apelação existente, ou seja, caso a pessoa se sinta tratada injustamente há a possibilidade de ser ouvida para receber um tratamento adequado. A média desse enunciado evoluiu 18 pontos percentuais desde 1997.

Afirmativa	Média (em %)			
	1997 [1]	2006	2021 [2]	Δ (em pontos percentuais) ([2] − [1])
Se eu for tratado injustamente, acredito que serei ouvido e acabarei recebendo um tratamento justo	72	78	90	+18

Importante mencionar que esse canal pode ser utilizado para tratar de discriminação em relação a qualquer característica relacionada ao universo da diversidade ou até como um apoio para os processos de reconhecimento, caso haja alguma injustiça praticada.

Evolução da dimensão Imparcialidade (em %)

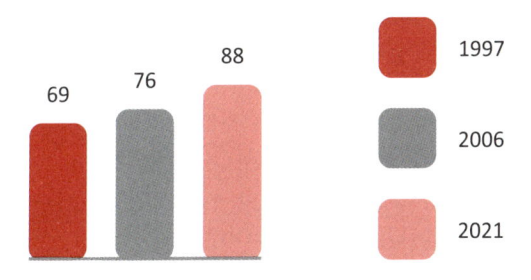

- 69 — 1997
- 76 — 2006
- 88 — 2021

PRINCIPAIS CONCLUSÕES

- No início da nossa pesquisa, as empresas estavam mais preocupadas em trabalhar de forma passiva com comunidades no seu entorno. Analisávamos mais a Responsabilidade Social Corporativa e menos a Diversidade & Inclusão.
- As práticas eram mais abrangentes e atingiam, no geral, os grupos menos favorecidos, sem um olhar atento para raça, gênero, idade, orientação sexual ou pessoas com deficiência.
- A partir de 2006, as empresas começam a avaliar como cada grupo (estrato de funcionário)

percebe o ambiente de trabalho. É o primeiro passo para começar a debater e trazer a agenda de Diversidade & Inclusão para dentro.

- Em 2021, já temos um time mais maduro nessa questão. Atualmente, 93% das Melhores Empresas para Trabalhar contam com algum responsável por combater a discriminação e promover a diversidade.
- No pilar da Diversidade, o grupo que recebeu mais atenção até então foi o de Mulheres. As práticas voltadas à equidade de gênero já acontecem há mais tempo nas organizações e, portanto, podemos ver um avanço maior na representatividade feminina hoje – apesar de ainda termos desafios, como a equidade salarial entre gêneros.
- A Diversidade Etária é uma das mais recentes a serem debatidas nas empresas, mas já conseguimos ver práticas diferentes, como a contratação específica de pessoas mais seniores e a diminuição de uma prática que já foi bastante difundida entre as Melhores: a da preparação para a aposentadoria.
- Os representantes dos grupos: Étnico-Racial, Pessoas com Deficiência e LGBTQIA+ entraram nessa agenda, mas ainda temos pouquíssimos avanços efetivos na inclusão e, principalmente, ascensão desses profissionais. Podemos dizer

que há um movimento crescente das empresas, porém, em buscar apoio, consultoria e treinamento para levar essa discussão aos seus líderes.
- De maneira geral, os temas Diversidade e Imparcialidade evoluíram muito desde a primeira edição das Melhores Empresas para Trabalhar, na percepção do funcionário.
- A Diversidade & Inclusão é um caminho sem volta. Há vantagens e benefícios para todos os envolvidos nessa agenda. É o certo, é o justo e o melhor a fazer. Para todos.

REFERÊNCIAS

1. DA SILVA, Sandra Regina e Gomes; SALLES, Adriana. Sustentabilidade e o Efeito Bola de Neve. *HSM Management*, nº 143.

2. DUPREELLE, P. *et al.* A New LGBTQ Workfoce Has Arricde – Inclusive Cultures Must Follow. Boston Consulting Group, 2020.

3. BORIN, F., FIENO, P., SAMPAIO, B. Diversidade: inclusão ou estratégia? *Harvard Business Review*, outubro de 2015, p.8 6-90

4. DIXON-FYLE, S. *et al. Diversity wins: How inclusion matters.* McKinsey & Company, 2020.

5. CURTIS, M. *et al. Life Reimagined: Mapping the motivations that matter for today's consumers.* Accenture, 2021.

6. SHOOK, E., SWEET, J. *Getting to Equal 2019: Creating a Culture That Drives Innovation.* Accenture, 2018.

7. GUILLÉN, Mauro F. *2030: Como as maiores tendências de hoje vão colidir com o futuro de todas as coisas e remodelá-las.* Alta/Cult Editora, 2021.

CONCLUSÃO

Quem serão as Melhores do Futuro?

Para ser um excelente lugar para trabalhar em qualquer tempo é preciso um exercício constante de observação e escuta e um eterno ajuste de expectativas entre a missão das empresas e os sonhos dos profissionais.

"SE VOCÊ LUTA CONTRA AS TENDÊNCIAS EX-ternas, provavelmente está lutando contra o futuro. Aceite-as e você será recompensado com ventos favoráveis". A frase, que está mais para uma sentença, é de Jeff Bezos, fundador e CEO da Amazon, e alerta não apenas as organizações, mas toda a sociedade de que resistir às mudanças é ignorar o futuro e ignorar o futuro é aceitar a própria irrelevância. O que notamos ao longo de 25 anos de trabalho e pesquisa é que as empresas que respeitam as tendências no lugar de menosprezá-las saem na frente. E respeitar tendências – importante ressaltar – não é seguir modismos. Mas olhar para os movimentos da sociedade, analisar o impacto que eles podem causar nos negócios e na vida dos colaboradores e estar disposto a promover mudanças. Pois velhas repostas não satisfazem às novas perguntas.

O grupo que faz parte das Melhores Empresas para Trabalhar no Brasil demonstra esse nível de maturidade. Ao olhar para as tendências com respeito e humildade, essas empresas procuram entender se sua gestão e seu modo de liderar estão alinhados às expectativas dos profissionais e aos valores da sociedade. Se são corretas, justas, responsáveis. Se estão desenvolvendo e nutrindo relações de confiança. Se promovem o desenvolvimento dos times ou estão apenas focadas no crescimento do lucro. Enfim, se estão no caminho do futuro ou patinando no presente, fadadas a parar no passado.

Ao avaliar a evolução das políticas e práticas das melhores empresas para trabalhar em 25 anos detalhadas neste livro, percebemos que esse autodiagnóstico foi fundamental para que essas organizações não apenas se sustentassem no futuro, mas servissem de referência e bússola para outras empresas e ambientes de desejo para muitos profissionais. Em 2020, por exemplo, as 150 Melhores Empresas para Trabalhar no Brasil receberam 10,3 milhões de currículos, uma média de 68 mil por empresa.

Num mundo em que as novas gerações de trabalho estão perdidas sem saber se pedem para sair do emprego ou se fingem ficar trabalhando (fenômenos destacados na mídia internacional como *great resignation* e *quiet quitting*) ser reconhecido como um lugar de desejo para trabalhar é mais do que uma vantagem competitiva ou um belo projeto de *employer branding*; é o indicador de que seu propósito não é um discurso vazio. Há quem queira fazer parte; há quem queira levar sua missão adiante.

Para as melhores empresas para trabalhar, ter esse eco sempre foi o motor dos seus negócios. Afinal, lugares sem pessoas são só lugares e pessoas sem propósito são só funcionários. Elevar um relacionamento historicamente mercantilista a um patamar superior, substituindo a fria lealdade pela troca de experiências, não é uma missão simples. Foi preciso (e é preciso) observar o entorno, ouvir os de dentro e aceitar as tendências. E isso, caro leitor, exige humildade, maturidade e uma boa dose de humanidade.

Humildade para aprender o que não se sabe e reconhecer aquela máxima de "aquilo que garantiu seu sucesso até aqui não irá levá-lo para os próximos anos" e permitir que todos – independentemente de seu cargo ou posição – sintam que sua voz seja ouvida e que seu trabalho seja reconhecido. É preciso incluir e acolher mais e segregar menos. Derrubar padrões, preconceitos e estereótipos e entender que mudanças, apesar de doídas, são necessárias. Há 25 anos, o mundo do trabalho era outro e as melhores empresas também. Apenas as que reconheceram a necessidade de mudar, sobreviveram no mesmo patamar de excelência em gestão de pessoas, se mantendo como ambiente dos sonhos dos profissionais.

Maturidade para estabelecer relações não apenas profícuas, mas, sobretudo, genuínas e sinceras. Essas tendem ser mais duradouras e, ainda que não sejam eternas (e não serão), prometem ser as mais relevantes e respeitadas da jornada profissional. Crescer envolve assumir riscos, derrubar controles e estabelecer confiança. Numa relação madura, eu não fiscalizo. Eu confio. E os ventos, como disse Bezos, me serão favoráveis.

Por fim, para aceitar as tendências (e o futuro) é preciso humanidade. Humanidade para entender que nem empresas nem seus líderes e tampouco as pessoas são perfeitas e, portanto, falhas e erros fazem parte do crescimento e do amadurecimento de todos. Aprender com os tropeços é uma das maiores virtudes dos gigantes.

Não existe fórmula mágica para ser uma excelente empresa para trabalhar. O que existe é um exercício constante e consistente de observação e escuta do mundo e das pessoas e um eterno ajuste de expectativas entre a missão das empresas e os sonhos dos profissionais. Missões essas que se transformam de tempos em tempos e sonhos esses que mudam de geração em geração. É esse equilíbrio que torna um ambiente saudável e amigável para trabalhar em qualquer tempo.

As melhores empresas do futuro, portanto, serão aquelas que, com olhos e ouvidos abertos, estarão sempre dispostas a manter esse equilíbrio, inovando em suas práticas de gestão de pessoas, mudando padrões, impactando seus negócios e fazendo história no mundo do trabalho.

DANIELA DINIZ

É jornalista formada pela Faculdade Cásper Líbero e tem especialização em recursos humanos pela Fundação Instituto de Administração (FIA). Com mais de 20 anos de experiência profissional, trabalhou na Editora Abril nas revistas *Exame*, *Você S/A* e *Você RH*, nas quais se especializou na cobertura de notícias sobre recursos humanos e mundo do trabalho. No Great Place to Work desde 2016, atua hoje como Diretora de Conteúdo e Relações Institucionais, e faz palestras em todo o país traçando análises históricas e tendências sobre as relações de trabalho e seu impacto na gestão de pessoas. Além de *25 Anos de História da Gestão de Pessoas e Negócios nas Melhores Empresas para Trabalhar*, é também autora do livro *Grandes Líderes de Pessoas* e colunista na revista *HSM Management*, na qual escreve sobre trabalho.

©2022, Pri Primavera Editorial Ltda.

©2022, by Daniela Diniz

Equipe editorial: Lu Magalhães, Larissa Caldin e Manu Dourado
Preparação: Larissa Caldin
Revisão: Marina Montrezol
Projeto gráfico e diagramação: Manu Dourado
Capa: Nine Editorial

Dados Internacionais de Catalogação na Publicação (CIP)
(Câmara Brasileira do Livro, SP, Brasil)

Diniz, Daniela
   25 anos de história de gestão de pessoas e negócios nas melhores empresas para trabalhar / Daniela Diniz. -- São Paulo : Primavera Editorial, 2022.
   260 p.

ISBN 978-85-5578-110-0

1. Empresas – Ambiente de trabalho - Análise 2. GPTW - Great place to work 3. Serviços de consultoria I. Título

22-1568   CDD 658.312

Índices para catálogo sistemático:

1. Empresas – Ambiente de trabalho - Análise

PRIMAVERA EDITORIAL

Av. Queiroz Filho, 1560 - Torre Gaivota Sl. 109
05319-000 – São Paulo – SP
Telefone: (55 11) 3034-3925
www.primaveraeditorial.com
contato@primaveraeditorial.com

Todos os direitos reservados e protegidos pela lei 9.610 de 19/02/1998. Nenhuma parte desta obra poderá ser reproduzida ou transmitida por quaisquer meios, eletrônicos, mecânicos, fotográficos ou quaisquer outros, sem autorização prévia, por escrito, da editora.